手把手教你做薪酬管理

周野——著

天津出版传媒集团
天津科学技术出版社

图书在版编目（CIP）数据

手把手教你做薪酬管理 / 周野著. -- 天津 : 天津科学技术出版社, 2021.7（2024.4重印）

ISBN 978-7-5576-9459-3

Ⅰ. ①手… Ⅱ. ①周… Ⅲ. ①企业管理-工资管理 Ⅳ. ①F272.923

中国版本图书馆CIP数据核字(2021)第122181号

手把手教你做薪酬管理

SHOUBASHOU JIAONI ZUO XINCHOU GUANLI

责任编辑：刘　颖

出　　版：天津出版传媒集团
天津科学技术出版社

地　　址：天津市西康路35号

邮　　编：300051

电　　话：（022）23332695

网　　址：www.tjkjcbs.com.cn

发　　行：新华书店经销

印　　刷：唐山市铭诚印刷有限公司

开本 670×950　　1/16　　印张 14　　字数 200 000

2024年4月第1版第5次印刷

定价：46.00元

前言

薪酬作为雇主向雇员支付的劳动报酬，它不仅是企业使用人力资源需要付出的一项重要成本，还是企业人力资源管理的核心。因此，对薪酬进行管理就显得十分必要了。

面对企业的薪酬管理工作，HR 除了要理解薪酬管理，还要能够进行实操，将薪酬管理工作落到实处，真正发挥薪酬管理的作用与意义。

不同的企业，员工薪酬支出也不同，员工薪酬支出是企业经营过程中的必要成本。例如，在高科技企业中，员工薪酬支出甚至能占到企业总成本的 80%~90%。同时，随着社会保障体系的逐渐完善，在通货膨胀等因素的影响下，社会劳动力的用工成本不断增长，这也使得企业每年在员工薪酬方面的支出水涨船高。所以，这就要求 HR 既要有效地认识员工的薪酬成本，还要从企业的实际战略需求出发，做好薪酬管理，让参与企业价值创造的企业、劳动者、市场、社会、政府等都能实现利益与效益的最大化。

HR 在人力资源管理工作的实践中，还要具备一定的战略思维，科学而严谨地对待企业的薪酬管理，利用有效的薪酬管理机制来激发员工的满意度，激励员工更好地为企业创造价值。同时，通过薪酬层面，提升企业在市场上的竞争力，让企业获得更充分的发展机会。

薪酬管理不仅是 HR 的重要工作，也是企业管理者需要关注的一个点。企业管理者不能本着节约成本的意图无限制地进行薪酬成本管控，也不能完全不顾及企业自身的情况而盲目追随市场的薪酬变化。薪酬管理是一项科学而严谨的管理活动，企业管理者需要慎重对待。

随着人力资源管理学科的发展与进步，薪酬管理也变得越来越成熟。本书在研究了美国康奈尔大学教授乔治·米尔科维奇在薪酬管理相关著作中的管理思路后，结合薪酬管理工作的实际需要，对薪酬管理的理论及实践进行了详尽的介绍。

具体来说，本书从对薪酬的认识出发，以薪酬模型为指导，对薪酬管理工作中需要具备的战略知识、体系知识、薪酬结构知识等进行了介绍，不仅能让薪酬管理人员全面认识薪酬管理，还能依据本书给出的薪酬管理实操内容对企业的薪酬支付进行管理。相信本书可以有效帮助读者做好企业的薪酬管理工作。

目录

第3章

设计适宜的薪酬体系，保证薪酬分配的合理性

第4章

实施职位分析与评价，了解职位薪酬结构

第5章

基本薪酬设计，保证员工的基本生存需要

第6章

关注绩效工资、奖金，回应与激励员工的优秀表现

第7章

做好福利薪酬规划，提升员工满意度

第8章

编制年度薪酬预算，合理控制薪酬数额

第9章

公式 + 表格，高效统计薪酬各相关要素

第10章

编制工资表，按工作流程落实薪酬发放

第11章

进行内外部薪酬调查，保持企业薪酬的竞争性

第1章

认识薪酬，了解薪酬管理的基本内容

薪酬是企业支付给员工的各种形式的劳动报酬。薪酬在不同的角度，会被划分为不同的类型。薪酬管理在企业人力资源管理工作中占据核心地位，健全的薪酬管理，对企业吸引、保留、激励人才具有重要的作用，是企业价值提升的有效途径之一。

1.1 薪酬，工作的总体报酬

薪酬在不同的时期，有不同的含义。在今天，人们对薪酬的认识逐渐加深，薪酬则有了“全面薪酬”“总体报酬”的含义。

1.1.1 认识薪酬

随着薪酬管理相关研究的发展，薪酬的含义变得极为丰富。基于目前薪酬管理界对薪酬的界定，我们从全面薪酬的角度出发来认识薪酬。

对企业来说，薪酬是企业为获得员工提供的服务而给予员工的各种形式的支出；对于员工来说，薪酬则是其向企业提供劳动后获得的各种形式的报酬。在全面薪酬体系下，薪酬可以分为经济性薪酬和非经济性薪酬两大类，具体内容见表 1-1。

表 1-1 全面薪酬体系下的薪酬分类

<table>
<tr><th>类别</th><th colspan="2">具体划分</th></tr>
<tr><td rowspan="3">经济性薪酬</td><td rowspan="2">直接经济性薪酬</td><td>固定直接经济性薪酬：固定工资，补贴 / 津贴</td></tr>
<tr><td>非固定直接经济性报酬：绩效工资，奖金，股票 / 期权</td></tr>
<tr><td>间接经济性薪酬</td><td>社会保险，公积金，补充保险，带薪休假，培训学习，其他福利</td></tr>
<tr><td rowspan="2">非经济性薪酬</td><td>个人感受型
非经济性薪酬</td><td>成就感，个人成长，信任，影响力，荣誉</td></tr>
<tr><td>外部环境型
非经济性薪酬</td><td>工作环境，工作条件，授权，参与机会</td></tr>
</table>

1. 直接经济性薪酬

直接经济性薪酬是用人单位按一定的标准以货币形式向员工支付的薪酬，不得以实物及有价证券替代货币支付。在企业中，不同层级的员工一般对应不同的薪酬。

2. 间接经济性薪酬

间接经济性薪酬一般被称为福利，它一般不直接以货币形式发放，但能够给员工带来生活上的便利，减少员工的后顾之忧。

3. 非经济性薪酬

非经济性薪酬指无法用货币来衡量，但会给员工带来心理愉悦效用的一些因素，包括工作本身的因素、价值实现因素、工作条件因素等。这些因素能够从心理上对员工的职业选择、激励效果产生重要的影响，是企业吸引人才、保留人才的重要手段。

此外，还可以从狭义、一般意义、广义的角度来理解全面薪酬。狭义薪酬就是直接经济性薪酬，一般意义薪酬就是间接经济性薪酬，广义薪酬就是非经济性薪酬。

尽管人们可以从不同的角度理解薪酬，但薪酬的本质都是不变的。它代表着企业与员工之间的交换关系，并且是这种交换关系的价格体现。

1.1.2　从薪酬原则理解薪酬

薪酬的基本原则是内部公平性与外部竞争性。

内部公平性指一家企业的薪酬支付规则及标准在不同的岗位或不同的能力之间是一致的。如果企业的职位内容等同，那为这些职位确定的薪酬标准也要尽可能相同，除非这些职位处在不同的领域。

外部竞争性指企业的薪酬水平相对于企业外部的市场薪酬水平而言，是处于较高的水平还是较低的水平。当市场中的某职位对应的工作内容、工作强度相近时，如果企业的薪酬水平低于市场水平，那么企业薪酬的外部竞争力就会较弱，对市场中的人才就没有足够的吸引力；如果企业的薪酬水平高于市场水平，那么企业薪酬的外部竞争力就会较强，对市场中的人才就会有较强的吸引力，甚至在人才保留方面还有很好的作用。

但是从企业经营成本的角度来看，薪酬水平并不是越高越好，过高的薪酬水平对企业来说是一个较为沉重的负担，企业薪酬水平的高低，一般都是根据企业的发展战略、人力资源管理战略等确定的。

1.1.3 薪酬对员工的激励与筛选效应

薪酬一般是员工收入的保障，它能够对员工的动机与行为产生影响，这种作用机制主要通过两种方式——激励效应、筛选效应来实现。

（1）激励效应：薪酬能对员工的动机强度、方向和毅力产生影响。即薪酬在任何时间点能影响员工个体动机和员工集体动机的程度。

（2）筛选效应：薪酬对员工队伍产生的一种间接影响。即不同的薪酬战略会对不同类型的人力资源是否会投入并留在一个组织中产生影响。例如，企业相对较高的薪酬水平更有助于企业吸纳高素质的人才，从而让组织在招聘选拔的过程中有更加充分的选择余地。当然，更高的薪酬水平也会提升员工的忠诚度，员工选择留在企业服务的可能性更高。

激励与筛选效应是站在员工与企业的视角对薪酬功能的认识。激励是薪酬作用在员工身上的功能，筛选则是薪酬作用在企业方面的功能。

1.2 与薪酬相关的一些名词理解

在全面薪酬的基础上，我们已经对薪酬有了初步的了解，那么针对全面薪酬中的一些具体项目，可能还会涉及一些日常的、更为通俗的说法，这就需要我们对其进行辨别和区分。

1.2.1 经济性薪酬中的相关名词区分

1. “工资”“薪资”“薪酬”的区分

（1）工资，英文名称为“wage”，一般指以小时、天数或计件为基础支付给劳动者的货币。

（2）薪资，英文名称为“salary”，也叫作薪水或薪金，指白领员工或国家公务员的工资收入。

（3）薪酬，英文名称为“compensation”，指劳动者为用人单位提供劳动或服务而获得的各种形式的报酬。

在实际的人力资源管理工作中，无论是HR，还是员工，对“工资”“薪资”“薪酬”的区分并不是很明显，很多时候，都是笼统地以“工资”来概括劳动者应得的货币性报酬。所以，员工经常以货币性收入——“工资”来概括自己的报酬，这一点需要HR在实际工作中加以引导，让员工能够全面认识薪酬。

2. 不同形式工资的区分

工资有多种表现形式，常见的有以下几类。

（1）固定工资：企业按照相应的工资标准为不同岗位等级规定的一个数额相对固定的报酬，例如基本工资、岗位工资、小时工资、月工资、年度工资等。

（2）浮动工资：按业绩表现支付给劳动者的报酬，例如绩效工资、业绩工资、项目工资、个人提成、个人奖金、团队奖金、超额奖金等。

（3）福利：是福利的一种表现形式，但经常被理解为名义上的工资，例如司龄工资、高温作业工资、导师工资等。

1.2.2 非经济性薪酬中的相关名词理解

非经济性薪酬一般表现为工作认可、挑战性工作、工作环境、发展晋升机会、能力提高、职业安全感等。非经济性薪酬一般是从心理认知出发，来提升员工精神上的满足感。因为其在衡量方面较难以把握，因此，HR及企业管理者等需要对非经济性薪酬进行关注。

1. 工作认可

在企业的日常管理活动中，领导要及时对员工的工作情况做出回应，对于工作表现突出的员工，要及时给予适度的称赞及认可，以增加员工的自信心、荣誉感、成就感，提升其工作动力；对于工作表现较差的员工，要及时提出纠正建议，防止员工犯错，促进员工成长。

2. 挑战性工作

挑战性工作指那些需要花费较多精力才能完成的工作。挑战性工作因为难度较大，一般会有较为可观的工资。此外，挑战性工作可以锻炼和提升员工的能力，能给员工带来新的工作体验和激情。基于这两方面的考虑，员工可能会对挑战性工作充满期待，更愿意选择具有挑战性的工作。

因此，企业可安排一些具有一定挑战性的工作来激励员工。不过设置挑战性工作时，要把握好工作的难度，避免因为工作难度过大，即使员工花费了大量精力和时间也无法完成，从而发挥不了激励作用。所以挑战性工作安排稍微超出员工的能力即可。

3. 工作环境

良好的工作环境往往能够在心理上给员工制造愉悦感，这会使员工的工作更有动力。而较差的工作环境，可能会给员工造成心理落差，让他们对工作的兴趣有所淡化。所以，良好的工作环境对提高员工的工作积极性有很好的促进作用，企业可以从工作环境的空间布局（宽敞、明亮、安静等）、办公设备（齐全、性能优越）、员工关系（举行不定期的员工活动，为员工提供工作及交流的空间等）三方面来为员工营造和谐、优质的工作环境。

4. 发展前景、晋升机会

发展前景和晋升机会是很多员工选择一份工作、进入一家企业的重要考量。不同的企业可以从不同的方面来为员工展示发展前景和晋升机会。一些规模较大的企业因为有比较完善的职能部门、岗位层级和晋升渠道，以及公开的程序和规则，往往本身就具备这样的能力；一些新兴的、发展初期的企业，往往对未来市场有着足够的吸引力，同样能够给员工展示可观的发展前景和晋升机会。

5. 能力提高

能力提高指员工在工作的过程中能够获得知识和技能，工作水平有所提升。如果企业在员工入职及后续的工作环节中适时地为员工提供培训、学习机会，那么员工的能力会有更加突出的表现。这不仅能提升员工的能力，给员工一定的荣誉感，激励员工努力工作，还能让员工为企业创造更加突出的价值。

6. 职业安全

职业安全指员工在职场获得的安全保障，分为环境安全、身体安全、心理安全。环境安全指办公区域的装修材料的安全，以及电梯设备、防火设备、安保措施等的健全。身体安全表现为入职体检、入职后定期体检、离岗时必要体检，以保证因工作原因使身体受伤害的员工能够得到回报与补偿。心理安全指企业在管理上能够人性化，关注员工的心理健康。职业安全能够让员工产生一定的归属感，对留住员工、激发员工斗志具有积极意义。

1.3 何为薪酬管理，具体内容有哪些

在了解了薪酬的基本内容之后，就要进入薪酬管理的环节。我们知道，薪酬作为企业支付给员工的劳动报酬，是企业的一项关键支出，所以对薪酬进行有效的管理是企业人力资源部门的重点工作内容之一。同时，薪酬管理的效果对稳定员工队伍、保持企业的竞争力具有重要作用。

1.3.1 认识薪酬管理

薪酬管理，就是企业针对所有员工所提供的劳动来确定其应当得到的报酬，以及这种应得报酬的结构与形式的一个管理过程。

薪酬管理是在企业发展战略的指导下进行的，包括薪酬策略管理、薪酬体系设计和薪酬管理工作。

1. 薪酬策略管理

薪酬策略管理指将企业发展战略、所处行业、发展阶段、企业文化、管理模式、支付能力与员工需要相结合，制定薪酬原则或方法的过程。

2. 薪酬体系设计

薪酬体系设计指企业管理者通过使用不同的要素、结构、水平和支付形式实现薪酬工作原则或方法的过程，这一过程主要包括薪酬水平设计、薪酬结构设计和薪酬构成设计。

3. 薪酬管理工作

薪酬管理工作包括薪酬预算、薪酬支付、薪酬调整、薪酬总额控制等。

薪酬策略管理、薪酬体系设计和薪酬管理工作的每一环节，都会对企业薪酬管理工作产生影响。对于企业来说，最理想的薪酬管理状态就是：决策者选择适宜的薪酬战略；管理者结合企业管理实际、文化和员工需求制定与薪酬战略相适应的薪酬体系；执行者将薪酬体系落实到具体的员工薪酬安排设计中。

1.3.2 薪酬管理工作的内容

薪酬管理是一项复杂而系统的工作，但薪酬管理者做得最多、最基本的工作内容主要有以下几点。

1. 编制工资表及相关工作

按照企业固定的模板编制员工工资表是 HR 每月的工作重点。为了完成工资表的编制，薪酬管理人员需要核对员工信息、收集员工考勤数据、考核数据、计算个人所得税，以及制作工资条等。

2. 绩效奖金管理

根据员工的表现，以及相应的绩效奖励发放制度，确定员工的绩效薪酬及奖金等薪酬。

3. 福利管理

福利管理有法定福利管理和自有福利管理。法定福利管理是对员工所享受的五险一金，根据当地政府的规定，核定并调整员工缴费基数，并按时上报到当地的社会保障局及住房公积金管理中心；做好新进或离职员工五险一金的停、转手续。自有福利管理就是对企业的企业年金、餐饮补助、交通补助等进行管理的工作。

4. 薪酬计划管理

薪酬计划管理就是通过编制年度或季度的薪酬预算，来对企业的薪酬总额的使用进行监督和控制，这一部分工作还需要财务部门协作，共同完成。

5. 薪酬调查

薪酬调查有企业内部薪酬调查和市场薪酬调查。企业内部薪酬调查重点关注员工对所享受薪酬的满意度；市场薪酬调查就是参照市场薪酬水平，改进企业的薪酬政策，保持企业薪酬水平的合理性与竞争性。

1.3.3 薪酬管理要遵循的五大原则

薪酬管理工作的进行，要遵循一定的原则，这样才能保证薪酬战略制定、薪酬制度完善、薪酬体系设计，以及具体的薪酬管理环节可以有效解决企业的薪酬分配问题，使薪酬发挥应有的效用。

1. 公平性原则

公平既是薪酬管理的目标，也是薪酬管理遵循的原则。这里的公平性指的是企业在进行薪酬管理时，要考虑员工心理上的公平感、认同感、满意度。具体指：员工对外部公平性的感受（员工对外部同类企业同岗位进行薪酬对比后产生的公平感），员工对内部公平性的感受（员工对公司内部其他同类级别岗位进行薪酬对比后产生的公平感），员工对制度运行公平性的感受（员工对公司制度和政策执行过程的公平、公正、公开、严格性的感受）。

2. 竞争性原则

竞争性指企业如果想要吸引市场中的优秀人才，就要采取在市场中具有相对竞争优势的薪酬策略，用更具有竞争力的薪酬来吸引人才。不过竞争性原则并不一定要采取高水平的薪酬，而是在考虑弹性、灵活性、节约成本的基础上，有效综合经济性和非经济性薪酬，来提升企业薪酬的竞争力。

3. 激励性原则

薪酬是企业用来激励员工的首要方式。因此，企业的薪酬及薪酬策略要在一定程度上激发员工的积极性和责任心，这样才能体现出薪酬及薪酬策略的激励性。当然，激励既可以体现在货币薪酬上，也可以体现在其他方面，如企业安排的休假、培训深造机会等。因此，不一定非要用高薪酬来激励员工。

4. 经济性原则

经济性原则指企业在做薪酬管理时，要充分考虑企业自身的经营情况、财务状况和薪酬承受能力，有效配置人力资源，将有限的财务资源用到需要的地方，进而使企业有限的薪酬支出发挥更好的效用，实现人力资源费用的最优化。

5. 战略性原则

企业薪酬管理工作的执行，要依据企业的战略目标和规划而抉择。在明确企业战略目标和规划的前提下，薪酬管理工作才能有效配合战略的缓急轻重，让企业的薪酬管理工作发挥更大的效用。

【HR 说】企业薪酬管理的角色分工

薪酬管理工作的实施，除了基础的理论、方法、制度等之外，还需要有人来执行。因此，在实施薪酬管理之前，我们先要明确薪酬管理的各个参与人所扮演的角色，以及他们的分工。

参与企业薪酬管理工作的角色，除了作为主导的人力资源部门之外，还有企业其他部门和岗位。在企业中，常见的薪酬管理组织结构如图 1-1 所示。

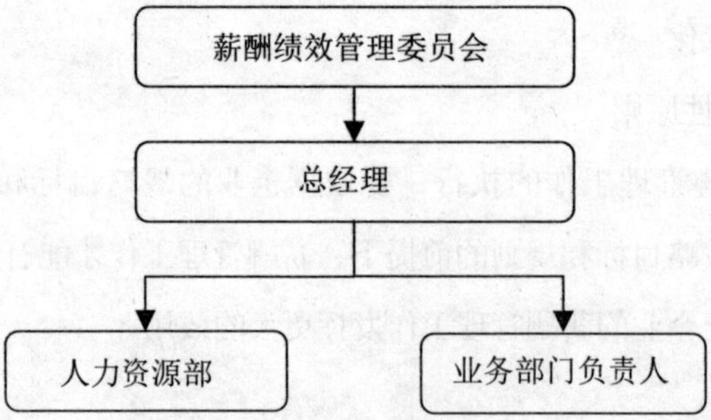

图 1-1　薪酬管理的组织结构

1. 薪酬绩效管理委员会的职责

薪酬绩效管理委员会是企业薪酬管理的最高机构，一般是依照章程设立的薪酬管理专门机构，在薪酬管理方面有以下职责。

（1）制定董事和高级管理者的薪酬政策和考核方案。

（2）负责对公司薪酬政策的执行情况进行监督。

（3）裁定某些特殊情况下的薪酬和绩效相关工作。

（4）促进公司薪酬和绩效文化的形成。

（5）具有对公司整体薪酬政策的审批、监督和修订权。

（6）董事会授权的其他薪酬管理相关事宜。

2. 总经理的职责

总经理是除董事之外薪酬政策的最终审批人，在薪酬管理方面有以下职责。

（1）关注企业的财务状况，从宏观角度把握和调控公司人力成本和费用的使用情况。

（2）负责确定公司薪酬管理政策的基本方向和原则。

（3）负责公司薪酬管理制度及相关流程、薪酬调整方案、员工薪酬水平和具体薪酬的最终审批。

（4）了解人力资源部进行薪酬管理的过程和方法。

（5）监督薪酬管理工作的全过程，发现问题及时要求相关部门进行调整。

3. 人力资源部的职责

人力资源部是薪酬管理的主要实施部门，在薪酬管理实施方面有以下职责。

（1）进行企业的岗位描述和岗位价值评估，以及内部薪酬满意度和外部市场薪酬竞争力的调研。

（2）对薪酬调研结果、工资体系、人力成本等薪酬相关数据进行分析并提出改进方案。

（3）制定薪酬制度、政策和薪酬调整方案，报总经理和薪酬绩效管理委员会审批。

（4）监督、协助各部门完成绩效管理。

（5）收集、汇总、分析各部门的考核结果，处理考核争议。

（6）收集、归档考勤数据及薪酬相关资料。

（7）解答各级对薪酬管理相关问题的疑惑。

4. 业务部门负责人的职责

业务部门是薪酬管理工作实施的主要协助者，在薪酬管理方面有以下职责。

（1）协助人力资源部门进行岗位描述及岗位价值评估。

（2）进行员工日常岗位工作表现评估。

（3）在公司总体薪酬政策下，决定部门内部员工的具体薪酬调整幅度。

（4）上报部门内不合理的薪酬情况。

第2章

利用薪酬模型，制定适宜的薪酬战略

薪酬模型在企业薪酬管理过程中具有指导性的作用。在薪酬模型的框架下，企业管理者可以清晰地了解企业薪酬管理的内容及方向。同时，薪酬模型还可以作为企业薪酬管理工作有效执行的检验依据和框架。

2.1 薪酬模型的基本内容：目标、政策、技术

在薪酬管理中，薪酬模型成为诸多企业薪酬管理工作的指导框架。

2.1.1 了解薪酬模型的全貌

薪酬模型不仅可以用来指导企业的薪酬管理工作，因为其完善性与科学性，还可以用来检验企业的薪酬管理工作。薪酬模型可以说是进行薪酬管理的基础。在薪酬管理模型中，主要有三个模块：构成薪酬制度基础的政策、构建薪酬制度的技术、薪酬目标。如图 2-1 所示。

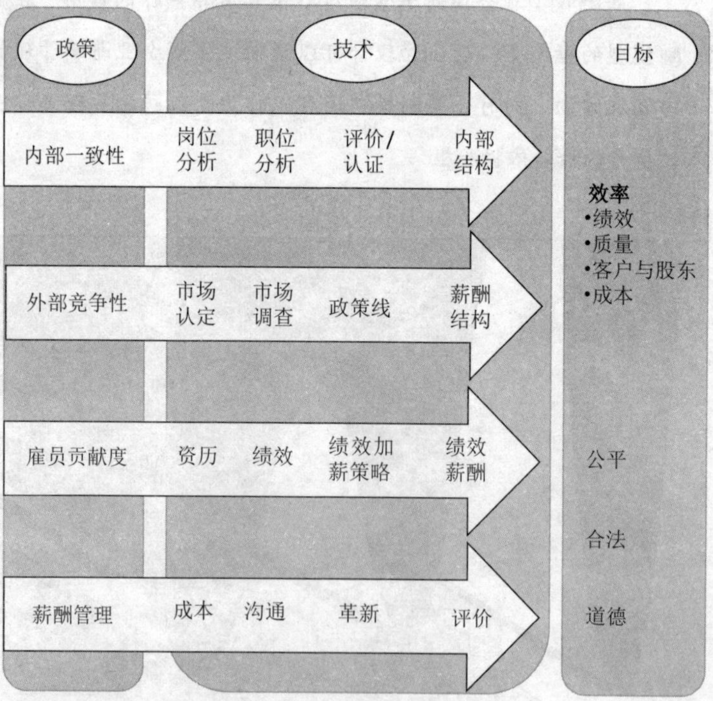

图 2-1 薪酬模型

2.1.2　薪酬目标的基本内容

企业构建薪酬制度是为了达成一定的目标，在薪酬模型中，薪酬目标主要有：效率、公平、合法、道德。

1. 效率

效率目标还可以进一步细化为提高绩效、改进质量、取悦客户与股东、控制成本。例如一些企业在经营的过程中，薪酬目标会更加强调绩效、经营成功、固定成本最小化，以及吸引和激励人才等。出于对薪酬效率目标的考虑，企业的经营须围绕员工的薪酬而进行。还有一些企业，可能会更加关注所经营产品的质量，用高质量产品吸引市场消费者，从而在为企业创造价值的同时，还可以为企业的股东及员工创造价值。

企业所进行的一切活动都要坚持对效率目标的追求，而薪酬管理所追求的效率目标是企业投入适当薪酬成本后能给企业带来最大化的价值。表现为企业通过各种方式对薪酬总额进行控制；在薪酬总额投入不变的情况下，可以最大限度地激励员工，调动员工的积极性，从而为企业创造更丰厚的效益。

2. 公平

公平是薪酬管理的基础。企业无论是设计薪酬体系、制定薪酬标准，还是实施日常的薪酬管理，都必须以公平为出发点。依据分配公平、过程公平、机会公平进行薪酬管理，如图 2-2 所示。

3. 合法

合法是企业薪酬管理的前提。企业在制定薪酬制度、执行薪酬标准时要符合国家、地方政府的法律法规要求，一旦这些法律法规发生变化，薪酬制度也要做出相应的调整，与法律法规要求保持一致。

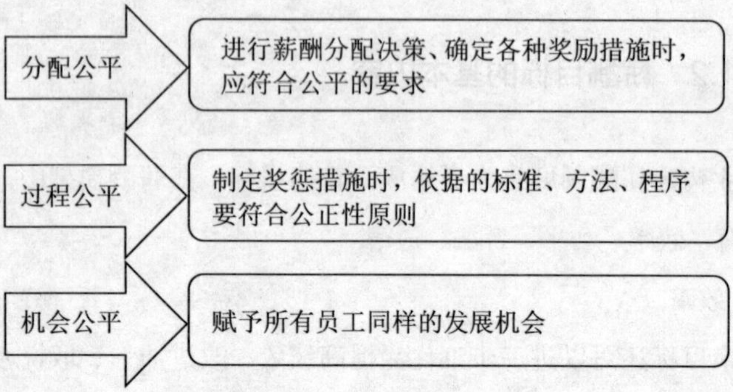

图 2-2　公平目标的内容

4. 道德

道德目标的追求主要表现在企业管理者在薪酬管理过程中的日常行为是否端正。企业管理层在薪酬管理过程中，往往会出现大的困境，特别是在利益的诱惑下，薪酬管理者更容易出现道德方面的问题。例如操作企业的业绩考评结果来为管理层争取更多的奖金，使用错误的统计数据测算竞争对手的工资率，鼓励员工用自己的工资投资公司的股票而管理层却选择抛出等。

因此，薪酬管理者要反思自己的道德修养，将道德目标与效率、公平、合法目标相结合，才能有效推动企业的薪酬管理工作，为利益各方创造更大的价值。

2.1.3　薪酬政策的基本内容

薪酬政策是进行薪酬管理的行动纲领，包括四方面的内容：内部一致性、外部竞争性、雇员贡献度、薪酬管理。

1. 内部一致性

内部一致性，也称为内部公平性，指单个组织内部不同工作、技能、能力之间的薪酬比较关系。工作或技能的比较是以员工对组织经营目标的贡献大小为依据的。在同一组织中，内部一致性不仅与从事同类工作的员工薪酬有关，还与从事不同种类工作的员工薪酬有关。管理者要解决的是如何有效拉开从事不同工作的员工之间的薪酬差距，而不对企业的效益产生影响。

2. 外部竞争性

外部竞争性，指组织自身与竞争对手的薪酬比较：组织愿意为员工付出多大程度的薪酬。组织薪酬的竞争性表现在足以吸引和留住员工；通过薪酬能对组织的成本进行控制，从而使组织的产品或服务的价格在市场上保持竞争力。

3. 雇员贡献度

雇员贡献度，是指雇员对企业经营目标的贡献程度，是决定其绩效薪酬的依据。依据员工对企业经营目标的贡献程度，对其实行绩效付薪，这对员工工作态度、工作行为会有重要的影响。在考虑外部竞争性的前提下，企业一般针对不同的员工、不同的部门制定相应的绩效薪酬计划，来有效回应员工对企业的贡献，以保障企业薪酬水平的有效性和公司经营目标的持续实现。

4. 薪酬管理

薪酬管理，是通过有效的管理，让企业的薪酬制度落地，用正确的方式对完成目标的员工给予合理的报酬。薪酬管理的执行要与企业的战略目标同步发展，为企业的战略服务；控制冗余的薪酬成本支出，吸引和保留人才为企业的战略而服务。

2.1.4 薪酬技术的基本内容

薪酬技术的内容非常丰富，包括薪酬制度设计技术、薪酬战略制定技术、薪酬调查技术等，都是薪酬管理过程中的有效技术手段，其通过与薪酬政策、薪酬目标的有效结合，或者出于对薪酬政策和薪酬目标的考虑，来为薪酬管理服务。

2.2 了解战略，做好薪酬战略选择

战略是指一个组织选择的根本导向。无论是组织本身，还是组织中的某一个单位，都面临着战略选择的问题。而不同的组织及不同的组织单位，一般会使用不同的薪酬战略来追求效益的最大化。

2.2.1 薪酬战略的相似性与差异性

1. 薪酬战略的相似性

薪酬战略的相似性，主要表现在战略的目的上。例如，不同的组织及单位会制定不同的薪酬战略，但这些薪酬战略的目的可能是相同的。而且很多企业选择用薪酬战略来服务企业的经营战略。这是因为，在薪酬模型中，薪酬目标是一致的：在效率方面强调绩效的提升、质量的改进、客户与股东关系的进一步深化、管控成本；在公平、合法、道德方面的一致性追求，从而使战略的目的趋于相似——用薪酬战略来为企业服务。

2. 薪酬战略的差异性

薪酬战略的差异性，主要表现在战略的定位上。例如，一些战略目

标存在相似性的企业，其战略定位可能会存在较大的差异。要么是根据自己所处的行业特色，利用薪酬战略来明确企业的经营目标；要么是将薪酬战略目标定位到高劳动生产率、高质量低成本产品上；还有可能是将薪酬战略目标定位到吸引、激励并留住员工上。

其实，不同类型的企业在薪酬战略上存在差异是比较容易理解的，因为面对不同的竞争环境、争取不同的客户、抢夺不同的人才，使用与企业自身经营情况及目标相匹配的薪酬战略才是有效的。

薪酬战略的差异性还表现在以下两方面，所以企业在制定薪酬战略时，不能完全照搬现成的模板，而是要根据自身的实际情况，选择与企业经营相匹配的薪酬战略。

（1）同一行业中的不同战略。例如，同一行业的各家企业，因为发展阶段不同，有的可能会采取最低基本工资战略，有的可能采取福利领先战略等。而且随着企业的发展，还会对战略进行适时的调整。

（2）同一企业内部的不同战略。即使是在同一组织内部，各个业务单元因为面临不同的竞争条件，因此可能会采取不同的经营战略，从而导致其薪酬战略也有差异。

2.2.2　薪酬战略的选择

对于企业来说，薪酬战略的选择范围虽然比较广泛，但选择的难度也比较大。如果我们对组织进行层层剥离，那么在薪酬战略选择方面就会更加容易一些。首先，在企业层面，战略选择是企业要进入什么样的经营领域；其次，在经营单位层面，战略选择是如何在这个领域中获取并保持竞争优势；再次，在职能部门层面，战略选择是总体薪酬要怎样帮助企业在经营中获取并保持竞争优势。这些战略与获取竞争优势的关系，如图2-3所示。

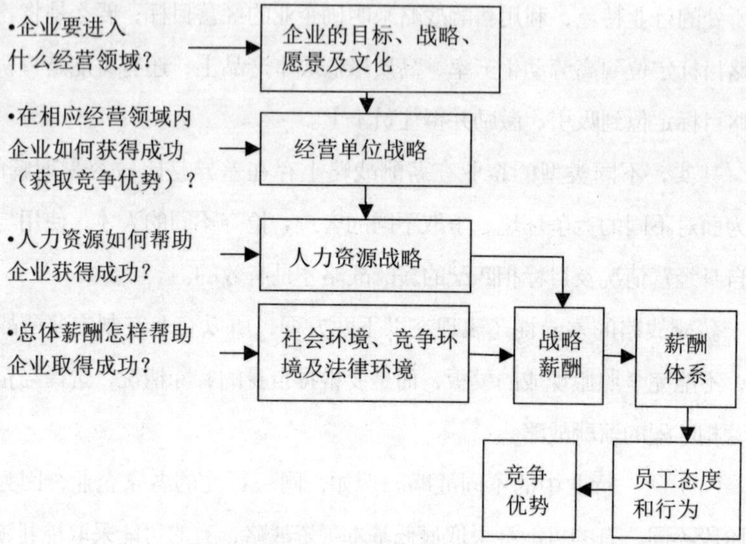

图 2-3 薪酬战略选择

所以，企业可以选择的薪酬战略多种多样。但站在战略的视角，企业的薪酬战略选择将倾向于那些帮助组织获得并保持竞争优势的薪酬战略。

2.3 薪酬战略与人力资源战略、企业战略的关系

薪酬管理界，甚至是管理界，都一致地认为企业的薪酬管理要支持企业的经营战略，即薪酬战略要配合企业的经营战略。而薪酬战略要支持经营战略还有一个条件，那就是薪酬战略要与人力资源战略相一致。就战略本身而言，它指企业发展过程中对内部、外部关键问题的选择与定位。

2.3.1　薪酬战略与人力资源战略的一致性表现

在人力资源管理与组织绩效的关系研究中，存在一个 AMO 理论，也就是“非常基本的绩效理论”。AMO 理论用公式表示为：

$$P=f(A, M, O)$$

式中，P 代表绩效；A 是能力；M 是动机；O 是工作机会。

AMO 理论的主要内涵是：如果人力资源管理能够满足员工的能力（ability）、动机（motivation）和工作机会（opportunity）的要求，那么组织的利益将会实现最大化。从人力资源战略的角度来看，员工能力和努力是决定个人绩效的关键因素，但也需要合适的态度和动机（员工培训）来促进员工努力提升能力，然后使用薪酬激励让员工运用自己的能力为企业创造价值、发挥效用。在这种机制下，人力资源系统将会更加有效，能更好地为企业提供服务。

从 AMO 理论可以看出，企业的人力资源管理要发挥效用，薪酬制度起着至关重要的作用。而且只有当薪酬战略与人力资源管理战略的目标（竞争优势）一致时，薪酬战略才能为企业的绩效发挥作用。

2.3.2　薪酬战略对企业经营战略的支持

薪酬战略对企业经营战略提供支持的作用，反过来，企业经营战略对企业的薪酬战略又有一定的影响。这主要表现在以下几个方面。

（1）薪酬支付的基础是什么？薪酬的支付基础指向什么支付薪酬，即支付的薪酬是面向员工所在的职位、任职能力，还是任职者的业绩与贡献。

（2）薪酬的支付对象是谁？薪酬的支付对象就是向谁支付薪酬，对哪些人员支付薪酬。

（3）薪酬支付规模如何？薪酬支付规模指根据企业的员工数量要向多少人支付薪酬。

（4）薪酬支付的水平怎么样？薪酬支付的水平指企业基于对市场同类岗位薪酬水平的了解，来决定自己要对相应职位的员工支付的薪酬水平。

（5）薪酬支付结构如何确定？薪酬结构指企业内部不同职位或不同技能薪酬的等级排列。

（6）薪酬支付方式怎么选择？薪酬支付方式指企业对薪酬支付策略的选择，即企业选择短期薪酬还是长期薪酬。

所以，企业的薪酬战略为企业的经营战略服务，其最终目的是以降低企业的成本来增加效益，从而让企业在市场上获得竞争优势。

2.4　薪酬模型指导，四步开发总体薪酬战略

薪酬模型是企业制定薪酬战略的指导，在薪酬模型中，薪酬目标、内部一致性、外部竞争性、雇员贡献、薪酬管理这五项为企业总体薪酬战略的制定指明了方向。

2.4.1　借助薪酬模型明确薪酬战略

薪酬模型如何指导企业战略？我们从理解薪酬模型中的以下内容入手。

（1）薪酬目标：即薪酬如何支持企业的经营战略，又如何适应全球化发展背景下的文化及法律约束。

（2）内部一致性：即在企业内部，工作性质的差别及技能水平的差异要通过什么样的方式体现在薪酬上。

（3）外部竞争性：即企业的总体薪酬水平要定位在哪个水平，才可以与竞争对手抗衡。

（4）雇员贡献：即给员工加薪的依据是什么（员工个人或团队的绩效，还是雇员的工作经验或持续不断的学习），加薪会以哪种形式表现（员工生活费用的上涨，还是员工技能的提升）。

（5）薪酬管理：即薪酬决策要在多大程度上对所有员工公开透明，以及哪些人应该参与到企业的薪酬制度设计中？

有了薪酬战略模型，能更加清楚地看到薪酬管理的入手点，在此基础上，我们就可以着手企业的总体薪酬战略开发。

2.4.2　四步开发总体薪酬战略

总体薪酬战略的开发是通过审视企业的过去、现在，来确定环境中的哪些因素对组织未来的成功具有帮助。一般地，企业薪酬战略的开发涉及四个步骤。

1. 第一步：评估总体薪酬的含义

（1）通过了解企业的经营领域及环境，评估企业所在市场环境中的潜在竞争动力机制。

（2）考察组织的人力资源战略是否与组织经营相匹配。

（3）明确企业文化及员工行为与价值观。

（4）适应社会及政治环境的同时，也要努力改变这些环境（通过参与社会法律制度的制定等来改善经营环境，为薪酬管理打好基础）。

（5）了解员工个人的需求及偏好，为员工提供更多实用有效的选择。

（6）了解工会的相关偏好，重视劳动关系。

2. 第二步：绘制总体薪酬战略图

薪酬战略图是对企业薪酬战略的一种描述方法。薪酬战略的主要要素是薪酬模型中的目标及四项选择（内部一致性、外部竞争性、雇员贡献、薪酬管理）。将这些目标及选择分解为一系列的描述，然后根据重要程度对这些描述进行排序，就可以得到相应的薪酬战略图。

3. 第三步：薪酬战略实施

设计和执行能使薪酬战略落地的薪酬制度及技术，实施薪酬战略。

4. 第四步：薪酬战略评估与调整

对薪酬战略的实施情况进行评估，同时根据外部环境变化等，对战略进行适度的调整。此外，为了能让薪酬战略持续有效地为企业服务，以及让薪酬战略能适应企业的发展变化，薪酬管理人员需要根据组织薪酬管理的目标对薪酬战略进行定期的评估与调整。

【HR说】跟随新趋势，转变薪酬管理理念

1. 更新自身的薪酬认知宽度

在传统薪酬管理理论下，薪酬往往是经济性报酬的代名词，货币工资就是薪酬，很多情况下企业都是直接将这一薪酬作为激励员工的唯一手段。如今，企业性质和管理模式已经发生了诸多变革，经济发展进入了新经济时代，加强薪酬管理、改变薪酬管理理念、设计多样化的薪酬类目、关注员工成长等，已经成为新薪酬管理时代企业管理中的必备内容。

2. 理解薪酬的公平性

在传统薪酬管理理念中，同岗同酬成了公平性的重要象征，但在这种公平性下，经常忽视了员工个体间的差异，于是产生了诸多劳动纠纷，劳资争议层出不穷，加剧了薪酬管理人员的工作难度。

所以，薪酬管理人员要尽早走出绝对的同岗同酬管理误区，依据可比性价值，即以能够量化的价值为比较依据，才能得出更加合理的比较结果。那么对于员工来说，就是以他们在岗位上的相对价值评价作为薪酬支付的依据，才能更加合理地体现出薪酬的公平性，进而实现更加灵活的薪酬管理，最大化地体现薪酬管理的公平性。

3. 重视实施薪酬战略的必要性

薪酬管理是一个与时俱进的过程，企业的薪酬管理体系、薪酬管理理念等，都需要结合企业当下的发展现状，以促进企业的良好发展，朝着管理现代化的方向迈进，而不是止步于传统的经济薪酬体系。因此，在企业的发展过程中，HR要及时更新自己的知识体系，用新颖的、符合当下企业发展模式的薪酬战略管理来推动企业的薪酬管理，这样不仅可以有效

实施薪酬管理，还能通过薪酬战略来推动企业战略目标的实现。

4. 保持对高技术的敏感度

基于人力资源管理的六大模块，人力资源管理逐渐向市场化、规范化、国际化的方向发展，在这样的发展过程中，技术进步对推动人力资源管理的作用非常明显。例如，工资自动化处理、工资电子支付、社保及福利的管理、报表的自动化生成等，都是薪酬管理技术结合的例证。所以，薪酬管理人员在实际工作中，要注意将现代高技术引入到工作中，这不仅可以大幅降低工作量，还能提高薪酬管理过程中计算的科学性、准确性、及时性，让人力资源管理工作者能够从繁重的数据统计、单据绘制等中解放出来。

5. 不断提升自己的专业水平

要想结合现代化人力资源管理发展的新趋势进行人力资源管理，人力资源管理人员就必须不断接受新知识、不断更新自己的专业知识。只有结合不断更新的薪酬法律知识、薪酬管理专业知识，人力资源管理人员才能不断推陈出新，及时发现薪酬管理过程中的弊端，用更加专业的方式解决企业薪酬管理中的激励问题、流程问题、制度问题等，甚至还能助推企业塑造更加有内涵的企业文化，从而系统化地完善企业的薪酬管理。

第3章

设计适宜的薪酬体系，保证薪酬分配的合理性

基于企业的薪酬制度，企业可以根据内外部环境来构建自己的薪酬体系。所谓薪酬体系，是企业人力资源管理体系中的重要部分，是对企业利润与价值分配的一种宏观规划与具体设计。依据企业的薪酬战略，管理者可以系统化地构建企业的薪酬体系。

3.1 从总体薪酬战略出发，设计企业薪酬体系

在企业具体的薪酬体系设计操作环节，制定一套合理的、适合企业发展的薪酬体系，除了要考虑薪酬战略之外，还要对企业的发展战略进行考虑，以总体薪酬战略为指导，思考和操作企业的薪酬体系设计。

3.1.1 明确企业的总体薪酬战略

企业设计薪酬体系的初衷是为企业的发展战略服务，而薪酬体系又是总体薪酬战略的重要部分。所以，企业在构建薪酬体系时，除了本着为企业战略服务的理念之外，还要明确企业的总体薪酬战略，依据总体薪酬战略的指导，结合企业的实际情况构建适宜的薪酬体系。

当企业处于不同的发展阶段时，所需要的薪酬体系是不同的，例如，在企业发展初期，一般都是追求稳中求进，“稳”是关键，这时企业的薪酬体系设计可以将基本薪酬的比例设置得相对高一些。当企业到了快速发展阶段，对市场的需求会快速增长，这就需要用有吸引力的绩效、奖金、福利等浮动薪酬来有效地激励员工开拓市场、促进销售，此时的固定薪酬就不需要太高，而浮动薪酬则要适当地提高。当企业进入成熟期时，市场的占有率保持稳定，企业在提供高产品品质时，应更加注重服务的质量，这时的员工薪酬可能要与所提供的服务挂钩。只有当员工为客户提供满意的服务时才会获得相应的报酬，而当服务达不到客户的满意度时，员工可能还会面临索赔的风险。

3.1.2　薪点表实现对岗位薪酬标准的分层

在薪酬体系的具体设计阶段，我们从薪点表的设计出发，来一步步实现薪酬体系设计。薪点表的设计分为四个步骤：划分岗位层次、确定薪酬水平、确定薪酬的等级差与等级幅度、划分薪档。

1. 根据企业实际情况划分岗位层次

根据企业组织结构的实际情况，对企业职能部门或事业部门的岗位进行分层，一般分为四层：领导层、管理层、主管层、执行层，每一层还会对应不同的级别，如图 3-1 所示。

层级	级别区间	级数
领导层	1~3 级	共 3 级
管理层	4~8 级	共 5 级
主管层	9~14 级	共 6 级
执行层	15~20 级	共 6 级

图 3-1　不同的层级划分

2. 参考市场状况确定薪酬水平

岗位层次划分出来以后，就要参考市场的薪酬水平，并以此为每一岗位层级薪酬的中位值，适当地上下浮动，来确定每一岗位层级的薪酬水平。此时，一些关键性的技术岗位，薪酬水平可以稍微高于市场水平，而对于普通的或替代性较强的岗位，薪酬水平靠近市场平均水平即可。当然，在这一过程中，必须以薪酬模型为基础，基于公平、效率等原则，适当拉开各岗位层级之间的薪酬差距，并保证总体薪酬成本不出现较大的变化。

3. 确定薪酬的等级差与等级幅度

薪酬的等级差是不同薪酬之间的差额，分别是不同层级之间的差额和不同级别之间的差额。根据领导层与管理层之间薪酬总额的比值，以及两层级对应薪酬的中位值确定一个级差。主管层与级别层之间用同样的方法确定一个级差。

等级幅度是同一层级中最高薪酬与最低薪酬之间的差值，根据市场水平确定的中位值，在保证每一层等级幅度相同的条件下确定等级幅度。

4. 划分薪档

划分薪档就是在每一个薪酬等级之间进行数个薪档的划分，以实现在岗位层级不变的情况下，根据员工的能力差异，为其匹配合理的工资，并激励员工不断提升自己的能力。可以根据企业规模、薪酬策略等来划分每一薪酬等级的薪档。

划分薪档结束后，就可以得到薪点表，表 3-1 是一般的薪点表模板。

表 3-1 薪点表模板

层级类别	职级	一档	二档	三挡	……
领导层	第 1 级				
	第 2 级				
	第 3 级				
管理层	第 1 级				
	……				
主管层	第 1 级				
	……				
执行层	第 1 级				
	……				

3.1.3　依据企业实际情况设计薪酬组合

在设计薪点表的基础上，对员工的基本薪酬水平进行确定后，就要根据企业的实际情况进行薪酬组合的设计。表 3–2 是一般的薪酬组合表。

表 3–2　薪酬组合表

基本薪酬	绩效薪酬	福利薪酬
基础工资	计件工资	年终奖
职位工资	计时工资	津贴
司龄工资	盈利工资	补贴
技能工资	股权工资	年中旅游
……	绩效工资	免费体检
	加班工资	免费培训
	……	考证补贴
		……

薪酬组合的设计，除了要依据企业的实际情况之外，还要参考企业想要达成的目标。例如，企业选择不同的免费培训、考证补贴等福利，目标就是为了进一步提升员工的能力，以便为企业更好地服务。可以看出，薪酬组合的选择，更多是出于提升员工的能力及拓展视野的目的。

此外，在设计薪酬组合时，还要根据企业的实际发展情况合理安排基本薪酬、绩效薪酬、福利薪酬的比例关系。

3.2 3E 薪酬设计，保证薪酬体系的均衡性

3E 指 external equity（外部均衡性）、internal equity（内部均衡性）、individual equity（个体均衡性），它是由张守春提出，并逐渐应用在薪酬体系设计当中。这里的外部均衡性指企业的薪酬水平在外部市场中具有一定的竞争性；内部均衡性指企业内部不同岗位的薪酬水平与岗位价值成正比；个体均衡性指同一层级从事相同工作的员工会因为个体工作能力的差异而有一定的薪酬差距。在 3E 薪酬设计层面，公平是前提，激励是补充。

3.2.1 外部均衡性与企业薪酬体系

为了保证企业薪酬在外部市场中具有竞争性，在外部均衡性层面，要关注以下四个要素。

1. 市场基本薪酬水平

一般地，企业可以通过关注当地生活消费水平、最低工资标准等市场表现，来了解市场的基本薪酬水平。各省、市、自治区人民政府劳动保障行政部门会同同级工会、企业联合会、企业家协会研究拟订各地的最低工资标准。薪酬管理人员在最低工资标准的基础上，结合所处市场环境中的消费水平，就能确定普通员工的基本薪酬水平。此外，薪酬管理者还要对同类企业普通员工的薪酬水平加以关注，以便让企业的薪酬水平在吸引员工和保留员工方面具有优势。

2. 人才供需情况

当市场中的优秀人才供需较为紧缺时，企业之间会用激烈的薪酬竞

争来争夺人才。在这种情况下，薪酬水平的外部均衡性会降低，只有通过提高企业的薪酬水平才能提升薪酬的外部均衡性。

3. 同类企业的薪酬水平

关注同类企业的薪酬水平是外部均衡性的重要内容，特别是在业务方面类似的企业，如果仅仅是薪酬水平等于市场平均水平，而在同类企业中处在较低的位置，那么该薪酬水平同样缺乏市场竞争性。企业就要基于对同类企业薪酬水平的了解，通过提升本企业的薪酬水平来保持一定的市场竞争性。

4. 企业的战略

在企业中，总的岗位级别数一般在 20 个左右，不超过 24 个。在每一岗位级别上，所配置员工的能力、特点等存在差异，因而薪酬水平不得不根据企业战略而有所调整，即针对企业的战略，可以让某些岗位的薪酬水平具有较强的外部均衡性①，有些岗位不需要具有较强的外部均衡性。

3.2.2　内部均衡性与企业薪酬体系

内部均衡性，指根据岗位价值来确定薪酬水平，岗位价值与薪酬水平呈正比例关系。在使用该原则时，需要掌握以下岗位价值分析方法。

1. 分类法

分类法就是将企业中的岗位按任职资格、工作内容、责任、权利、等级等条件划分为不同的种类，然后确定每一类岗位的价值范围，再根据价值范围做更进一步的层级划分，然后分析出每一类岗位的具体价值。

---

① 当企业自主从基层培养高层管理者时，基层岗位的薪酬就可以具有较强的外部竞争性，而高层岗位不需要；当企业从外部招聘高层管理者时，高层管理岗位的薪酬可以具有较强的外部竞争性。

2. 排序法

排序法就是选取一个衡量因素来比较不同岗位的价值，在确定了岗位价值后，再在岗位内部进行更进一步的价值层级划分，从而确定出岗位薪酬水平。

对于一些规模较小的企业来说，更加适合用排序法，因为岗位层级较少，员工人数也较少，更有利于实施排序法。

3. 评分法

评分法是更加复杂和更加量化的岗位价值分析方法。使用该方法时，首先，确定岗位价值评价的要素（责任、权利、难易程度、创造价值等）；其次，给予这些要素一定的权重，并根据权重为不同岗位评分；最后，按照分数将各个岗位的价值排序。

4. 要素比较法

要素比较法是比较抽象的量化分析方法。使用该方法时，首先，将岗位的相关价值分解为一些抽象的要素（智力、技能、体力等）；其次，将这些要素划分为不同的等级，并赋予每一等级相应的分数；最后，求出各岗位相关要素的分值总和。

3.2.3 个体均衡性与企业薪酬体系

个体均衡性，就是在划分岗位层级时，要考虑员工个体的价值贡献，针对同一岗位上的不同员工，要根据员工个人的价值差异而给予差异化的报酬。所以，在个体均衡性层面，个体的价值确定至关重要。在实践过程中，与员工个体价值相关的要素主要有以下三个。

1. 资历

员工个体的资历一般与学历、工作年限、工作经验等因素相关，当员工个体的这些因素非常突出时，那么对应的薪酬水平也会相对较高。

2. 绩效表现

当企业内部的薪酬管理与员工的绩效联系起来时，在同一层级中，员工个体的绩效表现越突出，就越容易获得高额的报酬。

3. 产出

产出的层次高于绩效，它除了包括一些可以量化的内容之外，还包括一些不能量化的内容。例如，员工通过自己的行为为企业树立良好的形象、给企业带来正面的社会影响等，都属于员工的产出，员工会由于这些产出而获得相应的报酬。

3.3 薪酬体系的实施步骤与变革

与薪酬制度一样，薪酬体系在设计完成后，同样需要经过一定流程的检验才可以正式实施。通过薪酬体系的检测，发现相关问题，及时对其进行改正与变革，这是完善与优化薪酬体系的重要一环。

3.3.1 薪酬体系的实施步骤

薪酬体系的实施包括五个步骤，如图 3-2 所示。

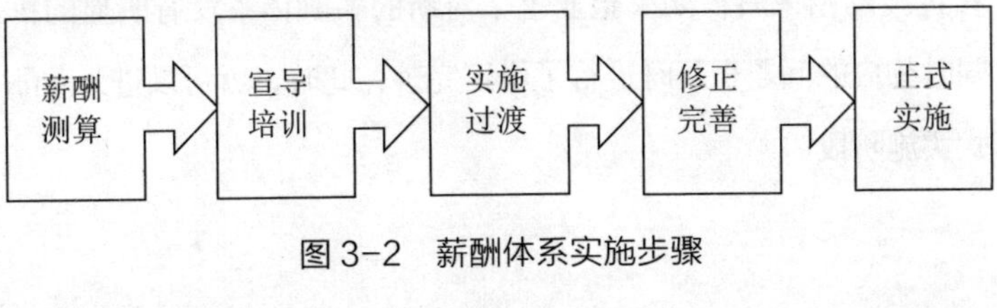

图 3-2　薪酬体系实施步骤

1. 薪酬测算

比较企业内部薪酬预算的情况及市场调研的数据，然后测算出每名员工对应的薪酬数据：月基本工资、津贴费用、月标准奖金、季度年金、年终奖金、福利费用等薪酬组成项目的具体数额。

2. 宣导培训

通过员工培训、线上线下宣传活动、座谈活动，甚至利用工会、职工代表大会等各种形式，将企业薪酬变革的思路、理念、方法及变革给员工带来的薪酬变化等如实传达给员工，以争取员工最大限度的理解与支持。

3. 实施过渡

在实施新的薪酬体系之前，可以与旧的薪酬模式并轨进行，不同的公司，因规模差异等原因，完全适应新的薪酬体系所花费的时间是不一样的，在这一过程中，企业要让员工薪酬按“就高不就低”的原则进行过渡。这种平稳的薪酬体系实施过渡程序，除了能让薪酬体系进行有效的更替之外，还能让员工保持平稳的心态，适应和接受新的薪酬体系。

4. 修正完善

在完成“薪酬测算”“宣导培训”“实施过渡”流程后，可能会发现一些问题，此时，人力资源部门就要对这些问题进行分析，然后给出修改的必要性及修改的方向，以及时修正和改进相关问题。

5. 正式实施

在过渡期结束后，如果企业上下对新的薪酬体系没有明显的排斥反应，同时相应的问题也及时进行了修正完善，此时，就可以进入薪酬体系的正式实施阶段。

3.3.2 薪酬体系的两种变革途径

随着薪酬体系的实施，在企业的发展、经营模式的变动、管理层的管理理念等各种因素的影响下，当前实施的薪酬体系可能会在某一时点、某一阶段不能适应企业的发展需求。所以，薪酬体系在正常实施的过程中，还会面临一些变革，这种变革分为两种形式：革命性变革、渐进性变革。

1. 革命性变革

革命性变革是一种周期短、范围广、力度大的变革模式。这种变革主要是企业所有者或最高管理层发起的。例如，企业的实际控制人、大股东、总经理等基于企业发展的需求，发起薪酬体系的变革计划，并对这种变化给予绝对的支持与信任，然后薪酬管理小组开始推动革命性的企业薪酬体系变革。

2. 渐进性变革

渐进性变革是一种周期长、范围小、由易到难缓慢进行的薪酬体系变革模式。这种变革模式主要是从企业内部比较容易着手的领域开始，分领域、分模块、分周期地在企业范围内推进、有序实施。

【HR说】有没有一劳永逸的薪酬体系

通过对薪酬体系设计与实施全过程的了解，我们发现，设计和实施一套完美的薪酬体系方案是费时费力的，需要薪酬管理者动员企业上下、联系企业内部实际经营情况及外部市场环境来统筹和实施薪酬管理。

基于这种烦琐的薪酬体系设计实施状况，很多人都希望有一种“一劳永逸”的薪酬管理体系。但在现实中这是不能实现的，主要有以下一些原因。

首先，企业面临着很多的发展变化，规模会发生变化、经营战略目标会发生变化、所处市场环境会发生变化，等等。这些变化就决定了企业的薪酬体系不能一成不变，而是要根据这些变化进行相应的调整与完善，不然最终受损的还是企业自身。

其次，企业的薪酬体系都是在适应企业的实际情况，如果企业内部的岗位进行了调整、部门进行了整合、职责权限发生了变化，那么企业的薪酬体系也要随之变化，以有效激励员工。如果企业的薪酬体系不做调整，那么原有的薪酬就失去了应有的激励效果，会给员工带来一些不满的情绪，从而影响企业的士气。因此，企业的薪酬体系不得不跟随企业的发展实际进行调整优化。

最后，企业的薪酬水平还与企业的盈利状况有关。当企业盈利能力增强时，企业有必要提升各个岗位的薪酬水平，以便激励员工，让员工的归属感和价值感有所提升，更好地推动企业发展。当企业盈利能力减弱时，企业的薪酬水平也要有所调整，以维系企业正常的生产经营。

第4章

实施职位分析与评价，了解职位薪酬结构

对职位进行分析与评价，能让薪酬管理人员全面认识基于职位的薪酬结构。在薪酬管理工作中，职位分析及评价占据着重要位置。准确认识职位，能更加合理地根据职位的相对价值及员工的贡献度来安排薪酬。

4.1 遵循职位分析程序，收集信息，总结职位说明

职位分析，是全面了解、获取组织中某个职位相关信息的过程，是对组织中某个特定职位的工作内容和职务规范进行描述和研究的过程。通过职位分析，能为管理者和雇员提供一种确定和理解薪酬差异的工作相关性基础。对于雇员来说，理解这种工作相关性基础，可以指导自己的行为与组织目标保持一致；对于管理者来说，理解这种工作相关性基础，可以使用职位分析数据为自己的决策做辩护。因此，在薪酬管理过程中，实施职位分析的必要性非常强。

4.1.1 职位分析的一般程序

职位分析能帮助薪酬管理者确定职位在工作内容上的差异性和相似性，协助其建立具有内部公平性的职位结构。所以，职位分析在薪酬管理工作中发挥着重要的作用。

1. 职位分析需要用到一些关键术语

职位分析是一项根据信息进行决策的过程，在实施职位分析前，我们先来认识与职位分析相关的一些关键术语。

（1）职位族：具有相似工作性质及相似任职素质要求的一类职位的集合。

（2）职位：相似的岗位（有着同样任务与职责）组合在一起就形成了职位。在分析职位时，主要分析某个员工所承担的任务组合，这是该员工全部的工作内容。

（3）任务：职位分析的最小单元，是对每一位员工所从事活动的具体表述。相似的任务可以分类组合成任务维度。

2. 职位分析的一般程序

职位分析是一个循序渐进的过程，主要包括以下步骤。

（1）开发预备性的职位信息。

· 根据已有文件了解职位的主要任务、职责、功能、工作流程模式等。

· 准备初步的职责清单，将其作为访谈的框架。

· 记录模糊不清和需要在数据收集过程中进行澄清的问题。

（2）对工作现场的初次考察。

· 熟悉工作布局、所使用的工具与设备、工作场所的总体条件，以及工作职责的绩效考聘机制。

· 多关注使用复杂技术与设备的职位。

· 指派受访者的一级主管担任考察现场的向导，以实现职位分析的连续性。

（3）实施访谈。

· 以职位对应的一级主管为首要访谈对象，以便更好地对职位及其主要职责之间的协调情况进行总体描述。

· 每天的访谈次数不超过两次，每次的访谈时间不超过 3 小时。

选择受访者的注意事项：把受访者当作“学科事务专家”，因为他们在执行具体的工作和负责完成相应的任务；选择典型的员工代表进行访谈，因为他们是全面了解被分析职位的；在选择受访者时，注意不同民族、不同性别员工的搭配。

（4）对工作现场的第二次考察。

· 澄清、确认、提炼访谈中获得的信息。

· 继续由受访者的一级主管担任访谈现场的向导。

（5）整合职位信息。

·把对主管人员与任职者的访谈、工作现场考察、关于职位研究的书面材料三个渠道中的数据整合成一个连贯而全面的职位说明。

·为数据整合留出足够的时间，因为每一次访谈，都要进行相应的时间整合。

·“学科事务专家”可以作为该阶段的参谋。

·核对初步的职责和问题清单，确保所有的职责和问题都得到了确认和回答。

（6）核实职位说明。

·将所有的受访者召集起来，准确、完整地核实所整合的职位说明。

·核实过程以分组讨论的形式展开。

·职位分析者要逐字逐句地审核整个职位说明，做好遗漏、模糊、需要澄清点的记录。

·由职位分析者在职位说明核实会结束后将全部资料收集起来。

4.1.2 收集职位分析的相关信息

进行职位分析时，一般会充分收集与职位相关的各项信息，只有以充分的信息为基础，才能充分有效地识别、界定和描述每一个职位。一般会收集以下各项职位信息，见表 4-1。

表 4-1 收集职位分析信息

项目	具体信息	
与职位相关的信息	职位识别信息	名称、所属部门、任职资格
	工作内容	任务、活动、权限、绩效标准、关键事件、冲突性需求、工作条件、角色（谈判者、监督者、领导者、执行者）
与雇员相关的信息	雇员特点	专业 / 技术知识、手工技能、语言技能、写作技能、计算技能、机械技能、抽象技能、管理技能、领导技能、交际技能
	内部关系	雇主及其他上级、相同等级的同事、下属
	外部关系	供应商、客户、监管部门、专业性行业、社区、工会 / 雇员团体

这些职位信息对识别职位、了解职位的工作内容及考察雇员行为具有重要的作用。一般地，我们会使用以下方法来收集职位信息。

1. 传统的职位信息收集方法

传统的职位信息收集就是让承担该职位的相关人员填写调查问卷，并由职位分析者对其进行访谈，以确保被访者对问卷内容能够准确理解。此外，职位分析者还可以从雇员入手，通过对雇员工作的观察来记录相关信息。

传统的职位信息收集方法，能让雇员有效地参与到职位信息的收集活动中，能让雇员对职位分析过程更加了解。不过，这种职位信息方式收集到的信息可能带有一定的主观性，或者是表达不够全面，会使职位的一些重要方面被忽视，进而使职位分析受到一些偏好或偏见的影响。

2. 定量的职位信息收集方法

定量的职位信息收集方法，就是将雇员引导到网络平台，通过在线的方式填写调查问卷，然后通过统计工具对调查结果进行统计分析。

定量的职位信息收集速度越快，越有利于调查结果的统计分析。还可以对职位不同任职者的调查结果进行比较或平均来得出有效的职位说明。

4.1.3 总结分析数据，得出职位说明

把已收集和整理的职位信息当作决策依据编写职位说明。职位说明是对职位对应工作的语言描述，包含任务、人、事，以及是否完成基本职责的具体标准。针对一般性的职位、管理类 / 专业类的职位，它们的职位说明一般都可以使用表 4-2 这样的职位说明书模板。

表 4-2 职位说明书

企业：　　　　　　　　　　　　　　制表日期：

<table>
<tr><td>职位名称</td><td></td><td>职位族</td><td></td><td>所属部门</td><td></td></tr>
<tr><td>直接上级</td><td></td><td>直接下级</td><td></td><td>考核部门</td><td></td></tr>
<tr><td colspan="6">工作概述：
1.
2.
3.</td></tr>
<tr><td rowspan="3">职位关系</td><td>可晋升职位</td><td></td><td rowspan="3">注意避免过失</td><td rowspan="3" colspan="2"></td></tr>
<tr><td>可互换职位</td><td></td></tr>
<tr><td>可晋升至职位</td><td></td></tr>
<tr><td rowspan="4">关键业绩指标</td><td>序号</td><td>指标名称</td><td colspan="3">定义</td></tr>
<tr><td></td><td></td><td colspan="3"></td></tr>
<tr><td></td><td></td><td colspan="3"></td></tr>
<tr><td></td><td></td><td colspan="3"></td></tr>
</table>

（续表）

主要职责	1				
	2				
	3				
	……				
工作关系	内部关系				
	外部关系				
主要权限	1				
	2				
	……				
任职资格	年龄		教育		
	工作经验				
	专业知识				
	相关技能				
	性格特征				
	其他条件				
工作环境					
备注：因工作需要，以上职责可能会做临时性调整					

制定：　　　　　　　　　　　审核：　　　　　　　　　　　审批：

在得出职位说明后，职位分析人员还需要召集受访者及主管人员对职位说明进行核实，具体包括与这些人员就职位说明逐字逐句地进行讨论，并将遗漏、模糊或需要澄清的内容记录下来。

4.2 五维度实施鉴定，确保职位分析可用

为了确保职位分析的结果可用，我们还需要对职位分析结果进行鉴定，主要分为以下几个层面。

4.2.1 信度维度的职位分析鉴定

信度，指测验结果的一致性、稳定性及可靠性，多以内部一致性来表示某测验结果信度的高低。信度系数越高，则该测验的结果越一致、稳定和可靠。信度越高，结果之间的相似性就越高。所以，信度检验，指对不同分析者、不同测量方法、不同数据来源、跨时测量等获得的测量结果的一致性的度量。

使用信度对职位分析结果进行鉴定，就是让评价者对职位分析的结果进行评价，然后考察评价结果的相关系数。如果评价结果的相关系数较高，则评价的可信度较高，职位分析结果越一致，可信度越高。

其实，职位分析结果很大程度上取决于进行职位分析的人。对专业人员的职位分析结果进行信度检验，可以发现，它们之间的信度更高。当然，职位分析本身针对的就是职位，因此，职位分析结果的信度也与职位有一定的关系。也就是对于那些与其他职位存在更多依赖关系，并拥有自主权及非常规性较强的职位，职位分析结果的信度会更低。

4.2.2 效度维度的职位分析鉴定

效度，是有效性，指不同测量工具、不同数据来源和不同测量方法所获结果的准确程度。即所测量到的结果对所要考察内容的反映程度，测

量结果与所要考察的内容越吻合，则效度越高；反之，则效度越低。

职位分析的效度检验，就是考察不同数据来源、不同测量方法下所获得的职位分析结果的有效性。如果职位分析过程中涉及的任职者、主管人员及同事，对问卷的回应大致相同，则问卷所获得的信息就具有较好的有效性。

4.2.3　可接受性维度的职位分析鉴定

在职位分析过程中，由于潜在的主观性及片面性，职位分析者通过问卷、一对一的访谈等形式获取的信息可能并不能为大家所接受。即，如果任职者和管理者对最初收集的数据及数据收集的过程不满意，他们就很有可能不接受由此而得出的职位分析结果。因此，通过了解企业员工对职位分析过程及结果的接受程度，可以对职位分析进行鉴定。当然，为了保证职位分析有一个较好的接受程度，在实施职位分析时，要在信息收集过程中进行可接受性的了解及分析，及时改进，从而让大家对职位分析的过程及结果满意，提升职位分析的可接受性，进而保证职位分析的有效性。

4.2.4　及时性维度的职位分析鉴定

及时性，指职位分析的信息一定要是最新的，这样才能依据最新的信息得出有效、可接受和有作用的职位分析结果。在实践过程中，有些职位相关信息长期处于相对稳定的状态，但有些职位相关信息处于变动和更新状态，甚至因为技术革命的原因，会在短期内发生巨大的变化。

职位信息的及时更新非常重要，这对薪酬管理的实践及决策制定有着深远的影响。如果企业的职位信息不能及时更新，企业没有掌握最新的职位信息，就会影响企业的员工招聘、员工培训及开发。因此，及时或者定期更新企业的职位信息，也是人力资源部门所要承担的一项重要任务。

4.2.5　有用性维度的职位分析鉴定

有用性指的是职位分析所收集信息的实用性。职位分析能为职位的薪酬确定提供相关信息，例如，职位分析提供的信息，能让职位分析人员及其他管理者确定该职位与另一职位之间的异同。当职位分析依据及时的信息得出可信、有效、可接受的分析结果时，该结果才可以作为薪酬决策的有效依据，这样的职位分析才是有用的。

4.3　职位评价确定职位相对价值

从职位本身出发，基于职位的工作内容、所需技能、职位对组织的相对价值、组织文化及外部市场的综合考虑，来创建组织的职位结构，确定职位的相对价值，就是一个完整的职位评价过程，可以帮助企业认识以职位为基础的薪酬结构的建立。

4.3.1　职位评价的内容、价值及外部市场联系

职位评价的内容，就是职位对应的工作任务及完成任务所需要的方式方法。职位价值，就是企业设置的每一个职位对企业的贡献度，它是相对价值。

职位评价就是确定职位相对价值的一个过程。不过，实施职位评价，

可以从职位内容出发，也可以从职位价值出发。以内容为基础的职位评价会根据每种职位所要求的技能和职位本身的职责、责任来对职位进行排序；以价值为基础的职位评价会根据每种职位的技能、职责、责任对组织目标的贡献度来对职位进行排序。

不论是基于内容还是基于价值进行职位评价，在职位评价的过程中，职位分析者还要参考外部市场中每一个职位的价值水平，从而可以综合确定职位薪酬。市场环境在职位分析过程中具有重要的作用，同时市场环境还处于一个变动的状态，不稳定性对职位评价结果的准确性会产生重要影响。

4.3.2　职位评价的目标及方法

1. 职位评价的目标

职位评价对建立具有内部一致性的薪酬结构具有重要作用，同时，职位评价还能结合外部市场环境，为企业薪酬结构的合理制定提供有效的支持。

因此，在实施职位评价时，先要确立职位评价的目标，主要有以下几个。

（1）支持组织战略。职位评价要为组织纳入一些实现组织战略目标和能为组织战略做出贡献的内容，使职位评价与组织战略一致。

（2）支持工作流程。职位评价要把每种职位的报酬与对组织的相对贡献结合起来，能帮助组织确定那些新颖、独特或处在变动状态的职位的合理报酬，从而支持组织的工作流程。

（3）公平对待员工。职位评级要有助于建立一种利益相关者一致同意并具有可行性的薪酬结构，以减少薪酬确定过程中的随机性、偏袒、偏差，以及减少员工对不同薪酬差异的争论和埋怨。

（4）能根据组织目标创立激励员工的回报网格。职位评价要告诉员工他们的工作内容中企业最重视的是哪一部分、有哪些工作能支撑组织的战略，这有利于员工理解自己工作任务的价值及其变化，以适应组织的变革，提升工作效率，为组织创造价值以提升回报。

2. 职位评价的方法

职位评价有三种方法，分别是排序法、归类法、计点法，见表 4-3。

表 4-3　职位评价的方法

方法	释义	优点	缺点
排序法	比较各职位对组织价值实现的贡献程度，对职位说明进行简单的排序	简单、快捷、容易理解	随着职位的增加，排序开始变得烦琐，比较的基础不明确
归类法	结合职位说明，给各个职位做一个类别说明，然后根据类别说明确定各个职位的等级	可以将一大批职位组合在一个体系中	职位说明可能会留下较多的人为操作空间
计点法	量化各个职位的报酬要素（即报酬的组成），计算出各个报酬要素的重要性权重，然后用报酬要素的权重比较来反映职位对组织的重要程度	报酬要素是比较的基础；报酬要素指明了什么是有价值的	可能会陷入各种繁文缛节，被各种规则所限制

4.3.3　参与职位评价的角色

企业内部薪酬与每一位员工息息相关，为了能让企业的薪酬结构帮助到企业的管理者，同时也能提高每一位员工的忠诚度和参与度，在企业的职位评价环节，无论是薪酬管理相关人员、企业管理层，还是普通员工，都有必要参与到企业的职位评价中。

一般来讲，在职位评价过程中，主要有以下人员参与其中：薪酬分析员、薪酬经理、薪酬顾问、高级管理层、雇员委员会。

在职位评价中，虽然有管理层的参与，但更高级别的薪酬经理对职位评价及薪酬结构的设计影响会更大，他们承担着职位评价的重任。同时，薪酬顾问能为职位评价提供重要的意见，能更加客观地认识职位评价。

4.4　职位评价的最终结果——职位等级结构

职位评价是一个确定职位相对价值的过程，通过职位评价，薪酬管理人员就可以根据各个职位的价值基础（相对价值与实际价值）形成职位等级的划分，从而形成职位等级结构，这就是职位评价的结果。

4.4.1　职位等级结构的划分

在进行职位等级的划分时，职位等级的数量并没有确切的标准，只与企业规模、工作性质有密切的关系。例如，图 4-1 是某企业的职位等级结构，这些职位等级结构是通过不同的方法得到的，对这些职位按照基本职能进行划分，分别是管理类、技术类、制造类、行政类。管理类和行政类职位结构，通过计点评价计划获得；技术类和制造类通过不同的基于人的评价而获得。

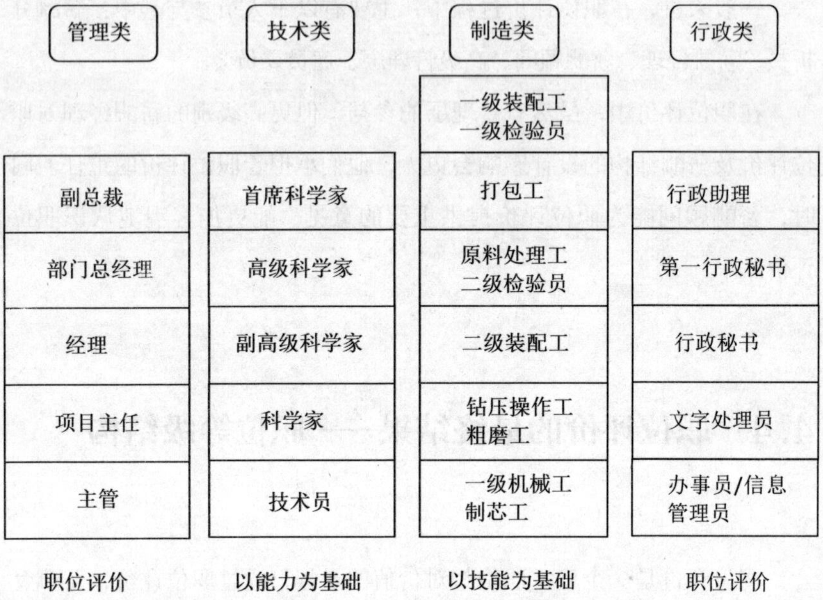

图 4-1　以职位、技能、能力为基础的职位等级结构

所以，通过在不同部门运用不同的评价方法，能获得多种形式的内部等级结构。

就职位等级结构而言，如果职位等级数量少，那么薪酬之间的跨度可能会比较大，在这种职位等级下，员工的晋升速度会减缓，同时薪酬对员工的激励作用也不会特别明显。相反的，如果职位等级数量较多，职位层次也会更多，薪酬成本幅度会有所增加。

总之，基于职位分析、职位评价，企业在设计职位薪酬体系时，职位等级的划分非常重要。职位等级的划分结果与企业的结构紧密相连，对激励效果的发挥（员工主动性及积极性的提升）及企业薪酬成本的增减有着深层次的影响。

4.4.2　薪酬结构水平的确定

在划分职位等级的基础上，就可以进行职位薪酬结构水平的确定。职位薪酬结构，主要包括固定薪酬和浮动薪酬。

固定薪酬主要是基本工资、职位工资。浮动薪酬主要是绩效奖金、销售提成、年终奖、盈利分红等，以及五险一金、过节费用、团建活动、交通补贴、餐饮补贴、年中旅游、住房补贴等福利。

根据企业战略、薪酬战略，职位等级基础上的薪酬结构可分为三种模式，分别是：弹性模式、稳定模式、折中模式，如图 4–2 所示。在薪酬管理实践中，企业可以根据不同职位的工作内容及价值表现，选择相适应的薪酬结构模式，以实现对该职位员工的激励，进而提升企业效益的目的。

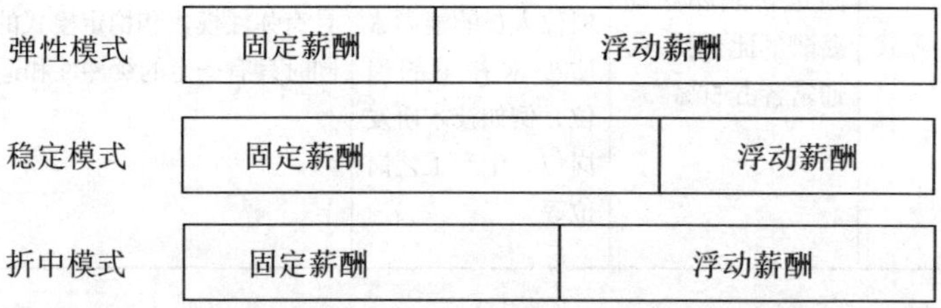

图 4–2　薪酬结构的三种模式

关于弹性模式、稳定模式、折中模式三种模式的薪酬结构，在特点、适用岗位、优缺点方面的比较见表 4–4。

表 4-4　三种薪酬结构模式的比较

薪酬结构模式	特点	适用岗位	优点	缺点
弹性模式	固定薪酬的比例较低（通常低于40%），浮动薪酬的比例较高（通常高于60%）	与企业业绩关联度较高的岗位，例如销售业务人员、总经理、高管岗位等	激励性较强，能有效改变员工行为	员工压力较大，缺乏安全感，可能造成员工离职率高，忠诚度较低
稳定模式	固定薪酬的比例较高（通常高于60%），浮动薪酬的比例较低（通常低于40%）	与企业业绩关联度较低的岗位，例如行政助理岗位、财务岗位、人力资源管理岗位等	员工有较强的安全感，忠诚度较高	激励性较差，往往会造成企业人力资源成本过高，员工的积极主动性不高，员工感受到的外界压力较小
折中模式	固定薪酬和浮动薪酬的比例持平，通常各占50%	应用在企业经营状况较稳定，以及企业业绩的关联度与岗位人员的能力素质要求并重的岗位，例如技术研发岗位、生产工艺岗位等	具有弹性模式和稳定模式的优点，同时具有一定的缓冲性和适应性	

【HR 说】了解职位薪酬体系的优缺点

基于职位分析、职位评价的职位薪酬体系，不一定可以完全适应企业的薪酬管理。职位薪酬体系也有一定的优缺点。

1. 职位薪酬体系的优点

职位薪酬体系更加关注职位对企业目标实现的贡献度，即职位的相对价值。这种以职位价值为基础的职位等级划分及薪酬结构确定，能在很大程度上实现同工同酬、按劳分配。职位薪酬体系的优点见表 4-5。

表 4-5　职位薪酬体系的优点

优点	内容
同工同酬，按劳分配	职位薪酬体系实现了同工同酬、按劳分配，分配结果的公平性能够激发员工保持良好的工作情绪，这对维护企业内部和谐稳定、促进员工学习、合作具有良好的作用
操作简单，管理成本低	在职位薪酬体系下，只要将职位进行等级划分，再依据市场水平及企业自身实际情况，就可以确定相应的薪酬，操作过程简单，不需要专门的管理团队，有利于企业节约成本
晋升与职位挂钩，有利于提升员工的积极性	在职位薪酬体系下，只要员工的工作能力突出、业绩明显、没有重大过错，那么员工将会得到职位等级的提升、获得更高的薪酬

2. 职位薪酬体系的缺点

当然，职位薪酬体系也有一定的缺点，特别是在职位有限，而企业不断有员工进入的情况下，不同批次的员工晋升时间不同，这会使一些老员工产生心理上的自卑。而且员工长期在相同职位上工作，难免出现消极怠工的情形。职位薪酬体系的缺点见表 4-6。

表 4-6　职位薪酬体系的缺点

缺点	内容
与职位挂钩，员工晋升无望时会消极怠工	当员工的晋升与职位挂钩时，有限的职位由诸多员工进行竞争，而且不同批次进入企业的员工都在竞争相同的职位，这难免给员工造成巨大的竞争压力，同时对于那些竞争失败的员工来说，可能会出现消极怠工的情绪
薪酬相对稳定，不利于激励员工	在职位薪酬体系下，因为职位是相对稳定的，所以对应的薪酬也比较稳定。虽然高等级的职位对低等级的员工充满了吸引力，但晋升的过程却非常漫长。当同一职位等级上的薪酬水平过于稳定时，对员工的激励性不强

第5章

基本薪酬设计，保证员工的基本生存需要

薪酬，既是员工收入的主要来源，也是企业经营的必要成本。而基本薪酬，作为薪酬体系的重要内容，在企业薪酬体系的建立过程中发挥着重要的作用。在企业中，基本薪酬是员工收入的重要组成部分，同时也体现着内部公平性。所以，从了解基本薪酬来认识企业的薪酬体系很有必要。

5.1 基本薪酬概述及其稳定性追求

关于薪酬，根据其支付与绩效的关系有不同的支付分类，即根据薪酬是在绩效产生前支付还是在绩效产生后支付，可以将薪酬分为基本薪酬和变动薪酬两部分。一般地，先于绩效的薪酬支付，是职位价值和员工本身所拥有的能力对应的收入。后于绩效的薪酬支付，是绩效评价结果对应的收入。

5.1.1 基本薪酬的理解及其支付依据

1. 对基本薪酬的理解

关于基本薪酬的概念，一般有以下三种理解。

（1）基本薪酬至少在某一段时间内是固定不变的。

（2）基本薪酬是员工维持基本生活所需要的保证。

（3）基本薪酬是在绩效之前产生的员工与企业之间的交易价格。

所以，基本薪酬是员工可以从企业中获得的基础薪金。

2. 基本薪酬的几种支付依据

基本薪酬的支付依据，有以下四种。

（1）基于职位的薪酬支付。把员工所在职位对应的价值作为薪酬支付的依据。这种薪酬支付能体现职位价值，具有客观、公正的特性。此外，这种薪酬支付依据对员工能力的重视度不够，设计过程也较为复杂，反应灵活性有些不足。

（2）基于能力的薪酬支付。把员工的技能、知识、行为作为薪酬的支付依据。这种薪酬支付依据认为员工的价值取决于员工的能力，而不是其所在的职位，这能鼓励员工发展和提升自己的能力。不过，在实际中，关于能力的评价不容易量化，而且能力薪酬操作不当时，容易增加工资成本，对企业产生不利影响。

（3）基于绩效的薪酬支付。把员工的工作绩效或实际劳动成果作为薪酬支付的依据。这种薪酬支付更加看重员工的工作结果（创造的绩效），而员工所在的职位和拥有的能力不被重视。绩效薪酬的激励作用非常强而且还能吸引人才。当然，绩效也有一些问题，如薪金不够稳定，员工的基本生活缺乏稳定感、难以对企业产生忠诚，缺乏长期的竞争力。

（4）基于市场工资率的薪酬支付。把目前劳动力市场的工资率作为薪酬支付的依据。这种薪酬支付认为员工的工资跟产品一样，都是由市场决定价格的，那么就可以实现个性化的薪酬设计，能增加工资的精确性，使薪酬更具有外部竞争力。不过，这样难以形成完备的薪酬体系，企业的自主控制力较弱。

每种薪酬支付依据各有利弊，实际中企业也会综合选用多种方式进行薪酬支付。

5.1.2　基本薪酬的重要作用

就基本薪酬而言，其在吸引和保留员工方面具有重要的作用。而企业的变动薪酬，则在激励员工方面发挥重要的作用。可以看出，基本薪酬在企业薪酬支付中的作用十分关键，当然，变动薪酬的作用也不容小觑。

所以，基本薪酬在企业中发挥作用，不能一枝独秀，还需要变动薪酬的补充，两者完美配合，才能有效发挥薪酬的作用，实现组织的薪酬目标。

例如，在企业实施薪酬变革的过程中，如果降低基本薪酬的比例，而提高奖金等变动薪酬的比例，很可能达不到想要的激励效果。如果降低基本薪酬比例，奖金等变动薪酬只有在完成一定的工作任务、达到绩效考核的标准时才可以支付，员工的不安感就会明显提升。这种薪酬设置，不能普遍用在企业的员工薪酬支付中，否则，薪酬很难达到员工的满意度，企业员工离职风险的不确定性也会明显增加。

较高水平的基本薪酬是员工在企业获得基本权利和安全感的重要保障，在薪酬成本可控的前提下，企业有必要为员工提供较高水平的基本薪酬。

5.2 职位与能力是基本薪酬的支付依据

关于基本薪酬的支付，一般有两个依据，分别是职位价值与员工能力。基于职位价值的基本薪酬支付是在职位分析的基础上，以职位对企业的相对价值为基础，向员工支付薪酬。基于员工能力的基本薪酬支付，是在对员工综合能力高低考查的基础上，向员工支付薪酬。

5.2.1 基于职位价值的基本薪酬

在第 4 章的职位分析内容中，我们已经对基于职位价值的薪酬支付有了一定的了解，通过职位分析、职位评价、职位等级划分、职位薪酬结构设计等步骤，能比较合理地向员工支付基于职位价值的相应薪酬。在职位价值下，薪酬结构是薪酬支付的关键，这里，我们再来对薪酬结构的确定进行了解。

1. 与薪酬结构相关的关键词

与薪酬结构相关的关键词包括：薪等、级差、相邻。图 5-1 能够帮助我们更好地理解与薪酬结构相关的关键词。

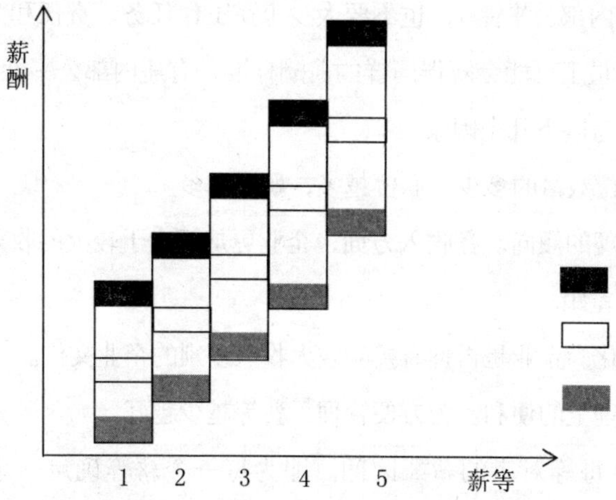

图 5-1　薪酬结构图

（1）薪等。图 5-1 中有不同的长方形，每一个长方形，就是一个薪等。薪等是职位分析和职位评价的结果，是企业职位价值的排序，把职位分成一个个宽度，即薪等宽度。薪等越宽，这一等级中包含的人数就越多。

（2）级差。最高薪酬与最低薪酬之间的百分比差距为级差。图 5-1 中，可以看到，在同一薪等里面，有薪酬上限和薪酬下限之分。

（3）相邻。图 5-1 中，每相邻两个薪等之间的重叠交叉部分，就是相邻。两个等级之间的重叠部分越大，收入增长的速度越慢，可见，重叠就是降低收入增长的速度。

2. 确定企业的薪酬结构

确定企业的薪酬结构包括三方面的内容：分等、确定每等对应的薪酬区间、确定相邻等之间的交叉。

（1）分等。如果组织中的工作类别较多，就需要划分薪等。在每一个薪等中，包含价值相同或相似的若干职位。此外，在划分薪等时，要注意薪等的数目应适中，不宜过多（本质上没有明显差别的工作会获得不同的报酬，有违内部公平性），也不要太少（在工作任务、责任和工作环境上差别较大的员工可能会获得同样的薪酬标准，有违内部公平性）。在分等时，可以参考以下几个因素。

· 企业职位数量的多少。职位越多，薪等越多。

· 企业管理的倾向。在收入方面，企业更加倾向于较大的收入差距还是较小的收入差距。

· 企业文化。企业是否拥有接受较大收入差别的企业文化。

· 薪酬管理上的便利。为方便管理，薪等越少越好。

（2）确定每等对应的薪酬区间。即为每一个薪等确定一个合理的薪酬区间，来客观地反映薪酬差距。在确定薪酬区间时，可以参考以下步骤。

· 确定薪酬区间的中点。结合市场薪酬水平及公司战略确定，来反映员工规定工时内的报酬。

· 确定薪等区间的上限和下限。薪酬的上限和下限，是企业愿意支付给员工的最高工资和最低工资，从而形成一个薪等区间。薪等区间的上限和下限根据薪等的浮动幅度确定，计算公式为：

下限 = 中点 ÷（1+1/2 浮动幅度）

上限 = 下限 ×（1+ 浮动幅度）

（3）确定相邻等之间的交叉。即确定较高薪酬区间与较低薪酬区间之间的重叠程度，一般有三种形式，如图 5-2 所示。

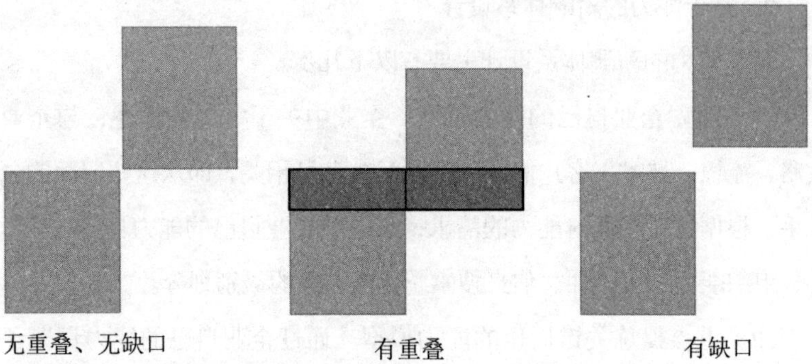

图 5-2　薪酬区间的重叠形式

5.2.2　基于员工能力的基本薪酬支付

1. 关于能力

在基于能力的薪酬支付中，能力到底是什么？在不同的角度，能力有不同的界定。

在宏观层面，能力可以理解为组织所拥有的能够为客户带来特别的、与众不同的价值的技能与技术的集合。

在微观层面，能力指每个个体所掌握的知识、技能、态度及经验的总和。微观层面的能力，关注的焦点是某个独立个体具有的胜任能力、才干、素质。

在人力资源管理中，人的性格、动机、态度等个性特征都是员工胜任能力中的一部分。

实际上，关于人的能力，冰山模型和洋葱模型都得出：知识、技能属于人的表层能力，很容易被发现；而人的社会角色、自我概念、人格特质、动机与需要，属于深层的能力特征，就像是处在水面以下的冰山基座或者是洋葱的最里层，不容易被发现。因此，基于这些能力模型，人们将能力归结为：个体有效履行职位所必需的技巧、知识、经验、特性和行为。

2. 基于能力的薪酬体系设计

基于能力的薪酬体系设计主要有以下几步。

（1）建立企业自己的能力词典。企业中关于能力的描述，与企业的战略、流程、技术、客户需要、问题解决息息相关，即从这些层面的分析着手，根据这些层面对能力的需求，来总结企业自己的能力词典——责任心、组织能力、主动性、信息搜索整合能力等的级别划分。

（2）重点提炼关键岗位的能力模型。通过企业自己的能力词典了解组织所需要的能力后，就要用模型来衡量员工是否具备这样的能力。一般有两种方法，第一种方法：将组织所需要的每一项能力看作是独立的技能部件，对每个技能部件设置技能等级和对应的衡量标准，然后依据标准来衡量员工的能力。第二种方法：将组织所需要的能力细化到职位族中，为每个职位族开发出对应的任职资格，然后根据任职资格的要求来衡量员工所具备的能力。

关于这两种员工能力的衡量方法，由于第二种衡量方法的结果与职位结合更紧密，所以，该方法被较多的企业所推崇。

在基于能力开发员工的任职资格标准时，可以采用以下方法。

· 仔细阅读职位说明书，收集与职位相关的各项信息。

· 根据角色定义①，每个角色确定 3~5 个标杆人物。

· 深度访谈标杆人物，收集要达到角色定义中要求需具备的 KSA② 和专业经验。

· 综合、分析、校验同一专业内不同级别标杆人物的访谈信息，分模块撰写 KSA 和专业经验的要求。

---

① 角色定义就是各级、各类任职者能做什么及需要做到什么程度，包括五方面的内容：承担的责任大小；在本专业领域的影响；对流程优化及体系变革所起的作用；要求的知识的广度与深度、技能的高低；解决问题的难易、复杂、熟练程度和领域。

② 指知识、技能、能力。

·验证、修改KSA和专业经验要求。

（3）给能力定价并建立工资结构。给能力定价就是让能力与基本工资挂钩，分为直接挂钩和间接挂钩。直接挂钩：员工的基本工资由员工能力决定。间接挂钩：员工的基本工资由员工所在职位和员工能力共同决定。

不过，在为能力定价时，企业还需要参考市场水平。

（4）建立基于能力的人力资源管理体系。基于能力的人力资源管理体系有两个基础：一是企业人力资源开发与管理的实践，一定要有利于企业核心能力的形成，并依据企业核心能力的要求对人力资源系统进行整合与管理；二是在对人性的深刻理解及人才价值本位的基础上，为员工的成长及发展提供职位发展通道（培训、晋升）。

3. 基于能力的付薪方式的优缺点

随着市场竞争方式及组织结构的变化，基于能力的付薪方式被越来越多的企业所采纳，其优缺点见表5-1。

表5-1　基于能力的付薪方式的优缺点

	具体内容
优点	·有利于降低企业推进组织变革和流程重组的阻力，提高组织的灵活性 ·有利于激励员工关注自身的发展，使员工能够自己把控职业生涯，承担更广泛的责任 ·有利于向员工阐述薪酬与能力、职位之间的关系，使员工有动力提高自己的能力
缺点	·需要周期性更新能力评估体系，重新鉴定员工的能力 ·对企业人工成本的挑战较大，容易增加人工成本

5.3 宽带薪酬，拉大薪酬波动幅度

宽带薪酬是在传统薪酬的基础上衍生出的一种薪等数量较少、每一薪等的薪酬区间较大、不同薪等间重叠较大的薪酬结构。在宽带薪酬下，会有相当比例的员工处在较低薪等，但这些员工的收入却比高薪等中的较低收入高。所以，宽带薪酬下，员工不一定要通过级别的晋升来实现职业生涯的发展。

5.3.1 全面认识宽带薪酬

宽带薪酬的流行，可以追溯到20世纪90年代前后。当时很多企业发现传统薪酬结构与组织发展有了分歧，去层级化下的组织越来越呈现扁平化，人员轮岗情况也开始盛行，于是组织越来越重视“人”这一要素，并更加关注“人”的职业发展。为了适应这种变化，宽带薪酬应运而生。就传统薪酬与宽带薪酬而言，它们的差异可以用图5-3表示。

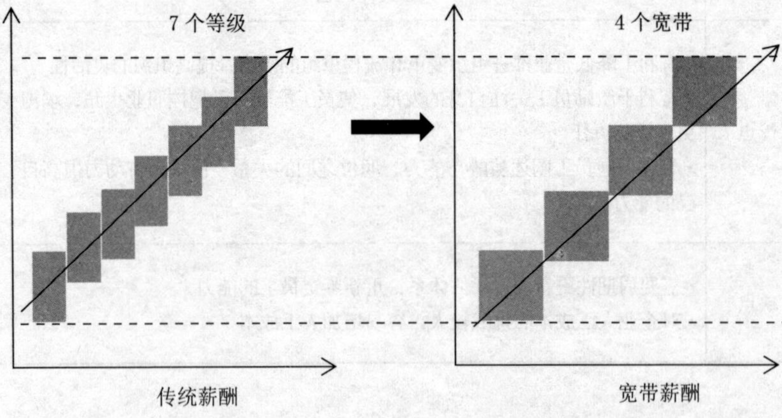

图5-3 传统薪酬与宽带薪酬的比较

宽带薪酬中有两个要点。第一，薪等数量较少，波动幅度较大；第二，宽带薪酬有两种形式：以职位评价为基础的宽带结构①、以职业生涯路径为基础的宽带结构②。

可见，采用宽带薪酬的企业只需根据工作角色及能力要求，对职位进行简单的分类，划分成几个层级，再将薪酬结构划分为几个跨度较大的等级，就能有弹性地管理员工的发展、绩效和薪酬。

5.3.2　宽带薪酬的设计流程

宽带薪酬的设计流程，如图 5-4 所示。

图 5-4　宽带薪酬的设计流程

1. 确定宽带薪酬数量

宽带薪酬数量的确定，与岗位层级的合并与设计密切相关。而进行岗位合并的依据可以是岗位类别、岗位角色、岗位属性，企业可以根据自己的薪酬战略及管理习惯，对岗位进行合并，以实现薪酬层级的整合。

2. 确定宽带薪酬范围

宽带薪酬范围就是宽带薪酬的浮动区间。一般来讲，宽带薪酬的区间与之前相比，最高级与最低级之间可以有 1~3 倍的跨度，同时，上下层级之间还可以有一定的交叠。

---

① 实际上是传统结构的一种变种，只不过是薪酬区间变大了一些。

② 不需要职位评价，直接用职位阶梯作为宽带薪酬的支付基础。

需要注意的是，在实际的宽带薪酬范围确定过程中，通常是根据公司战略、人力资源战略、薪酬战略、市场薪酬水平、企业的付薪能力、岗位责任的轻重、岗位相对价值的高低等要素，来确定宽带薪酬的区间。

3. 确定宽带薪酬结构

宽带薪酬结构的确定，是根据不同岗位的工作性质和特点及不同层级员工需求的特殊性与多样性，建立不同的薪酬结构，以实现对不同层级员工积极性与主动性的激励。

4. 确定宽带薪酬内的横向岗位轮换

确定宽带薪酬的基本内容后，企业还要做好宽带薪酬内横向岗位的轮换工作。也就是在同一工资带中，鼓励不同职能部门的员工跨部门流动以增强组织的适应性，提高多角度思考问题的能力。

5. 做好任职资格及工资评级工作

宽带薪酬虽然有很多优点，但由于对应的员工薪酬有更大的浮动空间，可能会使企业的人力资源成本大幅上升。因此，就需要通过做好员工任职资格的考查及员工工资的评级工作，以实现对人才的有效了解，为其匹配合理的薪酬，从而实现节约人力成本的目的。

5.3.3 宽带薪酬的实施与修正

宽带薪酬设计完成后，就面临着实施。为了让宽带薪酬适应组织的需要，并发挥有效的作用，能在实施过程中得到有效的修正，还要做好以下工作。

1. 完善组织结构

一般来讲，组织结构是企业宽带薪酬方案设计的前提，但在实务中，宽带薪酬既可以作为组织结构变革方案的一部分出现，也可以作为组织结构变革方案的补充。所以，只有组织结构变革与宽带薪酬两者相适应，才能保证宽带薪酬的有效实施。

2. 宣导沟通引导

企业的薪酬政策是员工非常关心的一个点，在组织推行宽带薪酬政策时，一定要通过及时的宣传沟通，让企业员工理解企业的薪酬变革，避免员工产生抵触情绪，这样薪酬政策的实施会更加轻松，也更容易发挥作用。

3. 健全测评系统

在宽带薪酬下，员工的绩效水平和能力水平是评判其薪酬水平的重要依据，这要求企业的绩效管理体系和能力管理体系要相当完善，才能保证绩效和能力测评结果的准确性、公平性、合理性。

4. 关注实施控制

宽带薪酬下的薪酬浮动区间较大，对企业的人力资源成本具有一定的挑战性。所以，在实施宽带薪酬时，一定要做好薪酬的预算控制工作，在总体薪酬预算下，实施宽带薪酬，并能够根据实施的效果进行宽带薪酬的修正。同时还要及时关注市场薪酬水平的变化，对企业的宽带薪酬政策做出合理的调整，保证薪酬政策具有一定的弹性，来使企业的薪酬策略、薪酬水平、薪酬结构能够跟随企业的经营状况及市场状况而有效改进。

5.3.4　宽带薪酬在实践过程中的优势与劣势

宽带薪酬在为企业创造效益、提升员工的薪酬满意度等方面具有良好的作用。宽带薪酬的优劣势，见表 5-2。

表 5-2　宽带薪酬的优劣势

	具体内容
优势	· 能够适应外部市场薪酬水平的快速变化，具有良好的弹性，薪酬变动方面比较灵活 · 有利于组织减少层级以加强授权 · 能减少横向调动的阻碍以鼓励多种技能的发展 · 能够给予出色人才较大的奖励空间与幅度
劣势	· 需要强大的绩效管理体系来公平有效地测评员工的绩效 · 对人力资源及一线经理的要求较高，他们要有较强的能力解释市场数据和岗位价值，可以与一线员工之间保持有效的沟通

5.4　不同标准下的基本薪酬支付形式

由于企业工作性质和员工类型的差异，基本薪酬的支付形式会有一定的不同。无论基本薪酬的支付形式如何，出发点都是为了能更加适应相应的岗位，以及给员工付出相应的报酬。这里，我们就来了解企业的普通员工、专业人员，甚至是企业领导者，都有哪些对应的薪酬支付形式。

5.4.1　普通员工对应的薪酬支付形式

这里的普通员工，一般对应的是企业车间及一些辅助性（保安、保洁、行政等）岗位上的员工，他们的薪酬一般采取计时或计件薪酬的支付形式。

综合来看，计时薪酬的计算更加方便，只要员工在正常的工作时间提供正常的劳动，就可以确定其薪酬，薪酬管理人员不需要花费较多的时间和精力来确定他们的薪酬。计件薪酬就是根据员工每天或某一时间段内的工作量，来计算其薪酬，这对工作量的统计有较高的要求，因而计算薪酬相对烦琐。

当然，计时薪酬和计件薪酬在激励效果上也有一定的差别。就计时薪酬而言，员工的薪酬不与工作效果相关，因而对员工的激励效果较弱。例如，企业的保安、保洁等岗位，在工作量衡量和考核方面比较难以把握，一般采用计时薪酬。也就是在给出的工作时间内，员工只要完成工作任务即可，至于员工是怎样完成的，完成效果如何，则没有较明确的要求。这样的话，就不能很好地衡量员工的工作努力程度，因而较难实现员工激励。

而计件薪酬，则相对公平一些，员工的努力程度也与此息息相关，员工工作越努力，产出越高，相应的报酬会越高，因而具有较好的激励作用。

实际上，计时薪酬和计件薪酬各有优势，它们可以适用于不同的岗位，企业根据自己的岗位设置，进行相应的匹配即可。

5.4.2　专业人员对应的薪酬支付形式

这里的专业人员，可以通俗地理解为“白领阶层”，他们一般基于受过的专业教育而从事专业领域的相关工作。例如，教师、编辑、会计、销售、工程师、律师等，是具备一定专业素养的人力资源，他们的薪酬支付形式往往采用月薪或年薪的方式。

在计算员工的月薪或年薪时，往往需要考虑以下因素。

· 员工所处的岗位层级及创造的价值。

· 基层管理者与高层管理者的区分。

· 个人能力的高低。

当然，针对这些专业人员，是采用月薪还是年薪，也需要根据具体的工作形式及岗位层级等进行确定。

5.4.3 企业家型人力资源对应的薪酬支付形式

企业家型人力资源一般是企业的领导者。说到企业家型人力资源，我们很容易想到一些在商界叱咤风云的企业家，例如，互联网电商领域、IT 领域的一些代表性人物，就是典型的企业家，更是企业的领导者。这样的企业家型人力资源，一般处在人力资源的最顶端，通常是很少的一部分人，同时还会有一些明显的特征。

（1）稀缺性与不可分割性。企业家型人力资源往往非常稀缺，对企业的经营及发展起着至关重要的作用，对企业的生存起着不可分割的作用。

（2）积累性。企业家型人力资源一般是和企业一起成长的，积累了岗位所需要的各种资格与条件，对企业的战略和制度了如指掌，在企业管理上有独特的见地和门道。

（3）异质性与难以计量性。与一般人力资源相比，企业家型人力资源工作时间更长，为企业所做的贡献更大，他们的决策对企业的发展有着深远的影响，为企业带来的价值巨大，难以衡量。

针对企业家型人力资源，企业一般会采用年度基本薪酬方式为其支付薪酬。至于年度基本薪酬的确定，则根据企业的规模、盈利能力、一般人力资源的平均薪酬、企业的发展阶段等。

【HR说】基于基本薪酬的绩效加薪

对于很多企业来说，在基本薪酬确定后，如果基本薪酬的数额长时间保持不变，无疑会让员工对薪酬的满意度大打折扣。所以，为了让企业的基本薪酬保持一定的活力，并解决员工的满意度问题，就不得不对其进行改进与优化。企业为了实现这一目的，便在薪酬管理工作中引入了绩效加薪。

绩效加薪，是一种基本薪酬加薪方式，是根据员工绩效的高低对其基本薪酬进行调整的一种方法。绩效加薪强调基本薪酬的增长要与员工的绩效挂钩，以保证基本工资的可持续性增长，这可以很好地解决基本薪酬稳定性与灵活性之间的矛盾。

绩效加薪虽然与业绩挂钩，看起来像是一种奖金，但实际上它增加的只是基本薪酬的基数，不会对变动薪酬产生影响。因而，绩效加薪就有以下特点。

（1）是基本工资的附属。由于绩效加薪的奖励金额一般较小，加薪比例也会控制在3%~5%，它虽然属于永久性加薪，但不能替代奖金制度在薪酬管理中的作用。

（2）依据员工个人的表现而调整。绩效加薪的出现是为了根据员工个人的表现来对其进行奖励，鼓励员工实现更好的绩效。

（3）具有累加性原则。绩效加薪是对已经产生的绩效成果进行认可与奖励，它会直接增加到基本工资中，每一次加薪后，员工的基本工资都会有所增长，后续的绩效加薪将会在已经增加了的基本工资基础上计算。因此，绩效加薪具有很强的累加性，能在一定程度上提升员工的基本工资水平。当然，也在一定程度上增加了企业的工资支付成本。

（4）绩效加薪与绩效评价密切相关。绩效加薪与绩效评价的关联，表现在两个方面：一方面，员工的加薪幅度根据绩效评价结果安排；另一方面，加薪的时间一般是在绩效评价期结束后实行。由于绩效加薪的累加性，当基本工资数额已经达到某一高度时，就需要对加薪幅度进行控制，以免薪酬成本的快速增长。当然，对加薪幅度的控制也要有限度，不能让其失去本应有的奖励激励作用。

（5）依据员工的薪酬期望及企业的薪酬支付能力而实施。绩效加薪的实施，一方面是出于员工的薪酬期望，在当前基本薪酬的基础上，进行绩效加薪，来让薪酬逐渐靠近员工的期望薪酬；另一方面，绩效加薪的实施，还要依据组织的薪酬支付能力，在保证企业总体薪酬成本稳定合理的前提下，实施绩效加薪才不会给企业带来过高的薪酬负担。

第6章

关注绩效工资、奖金，回应与激励员工的优秀表现

绩效、奖金作为员工变动薪酬的一部分，随着员工个人及组织的绩效变化而变化，其对激励员工和回应员工的优秀表现至关重要。绩效工资与奖金除了具有回应与激励企业员工的作用之外，还能为企业吸引优秀的人力资源创造优势。关注绩效工资及奖金，是企业薪酬管理工作中的重要内容。

6.1 认识绩效工资、奖金，理解其作用

绩效工资和奖金一般都是员工依据自己的绩效表现和企业整体的绩效实现程度而获得的收入。绩效工资和奖金对员工具有明显的激励作用。为了发挥绩效工资与奖金对员工的回应与激励作用，企业往往会根据自己的绩效薪酬计划，来设计合理的绩效薪酬执行策略，以回应员工表现和实现企业利益的最大化。

6.1.1 了解绩效与绩效工资的相关内容

绩效工资往往是针对员工的绩效表现而发生的。在企业中，每一岗位都对应着相应的工作量，当员工利用自己的能力，高质量完成相应的工作量时，企业往往会用绩效工资来奖励员工的优秀表现，这部分基于绩效的工资就是员工的绩效工资。

在实际中，企业会根据自身的经营特性，设置相应的绩效工资奖励标准及策略来回应员工的优秀表现。例如，有的企业以员工完成的工作量作为绩效工资的发放依据，有的企业则以完成工作的质量为依据，各个企业不一而足。

1. 绩效工资的上限

一般来讲，绩效工资是有上限的。如果上限过低，那么给予员工的激励效果就不会特别明显；如果上限过高，那么企业将会面临较高的薪酬成本，甚至会对企业造成一定的财务压力，阻碍企业发展。

所以，设计绩效工资时，企业要多方考量，基于奖励的可持续性、

有效性，以及企业的薪酬支付能力、财务能力等来确定。例如，当企业将绩效工资设置为阶梯式奖励时，员工会出于获得更高级别的绩效工资的目的而更加努力工作。

2. 绩效工资的比重

关于绩效工资的比重，需要从企业自身的实际经营情况出发，并结合企业的薪酬战略而考量。一般情况下，如果企业处于平稳发展期，那么绩效工资的比重不宜过高，这是因为在短期内企业很难实现盈利飙升；如果企业处于高速发展期，并且企业战略又正好是扩大市场占有率，那么就可以适当增加绩效工资比重，甚至可以将其提升至 40% 左右。

6.1.2　全方位认识奖金

奖金，也被称为奖励，是绩效层面的员工薪酬。

1. 对奖金的理解

关于奖金，无论是在人力资源管理实践中，还是在理论界，都对应着多种含义和界定，我们从以下层面来理解奖金。首先，奖金是一种报酬，是组织给予员工超过标准绩效的支付；其次，奖金数额依据员工超过标准绩效的多少而支付，因此，奖金是一种变动收入，这是奖金的关键特征；最后，奖金是在员工完成相应的绩效后支付的。

从这里可以看出，奖金是为了奖励那些超额完成的绩效，或者是激励员工完成某些预定的绩效目标而在基本工资的基础上支付的可变的、具有激励性的报酬。因此，奖金可以是灵活多样的，与员工的付出与贡献挂钩，具有很好的激励作用。

2. 奖金的支付缘由

企业支付奖金，往往需要考虑以下因素。

（1）员工的绩效存在不确定性。在薪酬管理实践中，通过对员工的了解，会发现员工的实际绩效与理想绩效是不一致的。在这种情况下，如果员工获得的报酬是固定的，那么员工的实际绩效高于理想绩效时，多出的部分往往得不到企业的回应，这就会影响员工的积极性。所以，用奖金来回应员工超额绩效就显得很有必要。

（2）奖金能增加激励作用。正如各种激励理论所阐述的一样，员工只有在有效的激励情况下，才会有效地工作。薪酬的一个重要目标就是激励，因而奖金可以作为激励薪酬，很好地实现激励作用。

（3）奖金能帮助企业实现市场变动形势的需要。企业经营过程中时刻都面临着外部市场环境的变化，针对外部市场环境的变化，企业要做出应对措施，否则就难以适应市场生存机制。那么在薪酬层面，企业要避免过于固定的薪酬，这时，奖金就能对市场薪酬水平快速做出反应，给企业的薪酬结构增加灵活度，让企业薪酬能够更加市场化，有效应对企业的经营需求。

（4）奖金能帮助企业降低经营成本。由于奖金的强激励性，其投入产出可能会比基本薪酬的效果更好。所以，企业通过奖金薪酬的支付，来带动更大的绩效，从而为企业降低经营成本。

（5）奖金能帮助企业控制薪酬风险。奖金在薪酬风险方面，是一个完美的控制工具。具体来说，当奖金在薪酬中的占比越高时，越有利于企业控制薪酬风险。例如，企业在招聘时并不能完全准确地对员工的能力进行评估，那么就可以根据绩效付薪，这样能避免基于能力的较高付薪成本支出。

（6）奖金能引导员工完成经营目标。薪酬目标中经营目标，并不能完全依靠基本薪酬来实现，基于奖金所具有的激励性，设计奖金计划（即收益分享计划），能让企业、部门、个体间的目标联系更加紧密，从而带动企业经营目标顺利、有效、超前实现。

3. 奖金的支付数量

奖金的支付数量有绝对数量和相对数量的划分。

（1）奖金的绝对数量，关注的是支付多少奖金才能发挥激励作用。其实，奖金的绝对数量是一个概念性的数值，表达的是人们的一种心理期望，并不能用准确的数值来对其进行描述。因此，只要奖金能调动被激励员工的内在行为动机，促使员工积极、主动地按照企业所需要的行为方式工作，为企业创造业绩，那么这样的奖金设置就是有效的。

（2）奖金的相对数量，可以从两个角度来理解，见表6-1。

表6-1 奖金的相对数量理解

角度	具体内容	评价
奖金的内部比例	奖金额度在总报酬中的占比为多少时比较合适	企业不必花过多的精力来探究一个相对明确的奖金比例，只要对奖励的可变性、风险性及其所引起的激励性进行把握和调整，适合于企业实际管理需求的比例才是有效的
奖金的外部比较性	根据外部竞争者的奖金水平来确定企业的奖金水平应该处于什么位置	基于行业平均奖金水平的比较分析，企业根据自身的薪酬支付水平来确定自己的奖金水平是领先、跟随还是滞后

4. 奖金的支付方式

关于奖金的支付方式，主要有四个维度，见表6-2。

表6-2 奖金支付方式的维度

维度		具体内容
时间维度	短期奖励	奖励计划周期一般在一年以下，例如年终奖、季度奖等
	长期奖励	奖励计划周期一般在一年以上，例如股票期权、中高层任期奖励计划
支付对象大小维度	个人奖励计划	取决于个人绩效，直接作用于个人
	团队奖励计划	依据团队整体的绩效，能够鼓励团队成员的合作
	企业整体奖励计划	取决于企业整体的绩效
奖金来源维度	物质奖励计划	奖金来源是货币或其他物质性的奖励
	精神奖励计划	非实物性的奖励，能在精神上很好地激励员工
人员特征维度	针对不同的人员	分为针对一般人员和高层人员、销售人员、研发人员等的奖励计划。在实际中，比较常见的是针对管理人员、销售人员、研发人员的奖励计划

6.2 与绩效相关的那些奖金计划

奖金是企业对个人、团队、组织整体绩效的奖励与激励，它可以分为对已经完成绩效的奖励和对未完成绩效目标的激励。无论是奖励还是激励，奖金计划在薪酬管理中都举足轻重。

6.2.1 针对已实现目标的绩效奖金计划

针对已经实现的绩效目标，企业往往会以一次性奖金、个人特别绩效奖的形式来发放绩效薪酬，以实现对员工的激励。

1. 一次性奖金

一次性奖金是一种没有累加性的绩效加薪奖励方式。在每次加薪时，不会增加工资基数，而是在每一次的加薪时机按相应的绩效评价水平支付的一次性的奖金。一次性奖金是不会累加到基本薪酬中的，下一次的奖金支付，仍然是在原来的基本薪酬基础上进行的。一次性奖金在一定程度上可以克服累积性薪酬加薪带来的薪酬成本增加问题。

就一次性资金而言，支付周期不宜过长，只要配合绩效评价的对象层次及长短期进行支付即可。一般情况下，绩效评价层次越高，一次性奖金支付周期越长；绩效评价单位越小，一次性奖金支付的频次就越高。

2. 个人特别绩效奖

个人特别绩效奖是针对个人特别突出的业绩而进行奖励的一种方式。这种奖励具有很强的针对性和灵活性，企业通过使用这种绩效奖励方式来弥补基本奖励制度的不完善，采用相应的奖金额度及时回应具有突出贡献的员工、团队等。关于特别绩效奖的规模，企业可以根据自身实际情况灵活设置。当企业规模较小时，个人特别绩效奖的设置和实行可以灵活一些；当企业规模较大时，特别绩效奖可以写入相应的薪酬制度，这样实施起来的效果会更好。

实施特别绩效奖时，要注意把握好以下方面：明确绩效目标、评定和认可绩效目标、确定奖励方式和水平、保证实行的公平性。

6.2.2 针对未完成绩效目标的奖金计划

在未完成绩效目标的激励层面，为了激励员工更好地完成企业预先确定的目标，企业往往会根据激励对象的不同，实行个人激励计划、团队激励计划、组织激励计划。

激励计划的操作原则是，将个人的实际业绩与预先确定的绩效目标进行比较，从而确定奖金额度，当员工达到绩效目标时则给予一定额度的加薪，超额完成奖励额度会更大，未达到绩效标准时没有奖金或者对应一定的减薪。

1. 个人激励计划

个人激励计划，用来激励员工个人为实现其绩效目标而运用的一种奖金支付方式。

实施个人激励计划时，需要对个人绩效标准加以明确，这些绩效标准可以是生产率、顾客满意度、安全性、出勤率等。组织关注员工在哪一方面的表现，则以哪一方面为绩效标准的导向。当然，明确组织的绩效标准后，还要考虑标准的可达到性。一般地，组织制定的标准，必须是员工通过努力可以达到的，如果员工对工作结果不能进行有力的控制，那么往往发挥不了激励作用。

2. 团队激励计划

团队激励计划，是对员工集体绩效进行奖励的方式。

团队激励计划的奖励对象是群体，这种群体可以是一个团队、一个部门、一个公司的分部，甚至可以是整个企业。团队激励计划关注的是整体绩效，目的在于通过这样的激励使人们实现其群体目标。

3. 组织激励计划

组织激励计划，是针对组织全员的一种激励计划。

随着组织发展的愈来愈扁平化，组织激励计划与团队激励计划之间的界限越来越模糊，两者都可以用来对员工群体进行激励，不过组织激励计划的对象更大，一般是组织全员。当然，团队激励计划也可以用于全员。收益分享计划、利润分享计划、员工持股计划等是比较常用的组织激励计划形式。

6.3　简单四步，实现绩效薪酬设计

在对绩效薪酬相关内容了解的基础上，进行绩效薪酬的设计会更加轻松。在绩效薪酬的设计流程中，主要包括以下步骤：制定并量化目标、明确绩效评估的步骤、实施绩效评估、改进绩效薪酬体系。

6.3.1　第一步：制定并量化绩效薪酬目标

绩效薪酬目标的制定，要结合企业的战略目标、人力资源管理目标，甚至是基于企业文化而进行。为了让制定的绩效薪酬目标有效为企业薪酬管理服务，那么可以依据SMART原则来制定企业的绩效薪酬目标。

SMART原则，是由管理大师彼得·德鲁克在《管理的实践》中提出的。该原则主要用于目标管理。实施目标管理，不仅可以让员工更加明确自己的职责进而有效工作，还能方便管理者将来科学、规范地对员工进行考核。

就SMART原则来说，具体含义及内容如下。

· S（specific）：指绩效考核要切中特定的工作指标。

· M（measurable）：指绩效指标是可以量化的，验证数据是可获得的。

· A（attainable）：指绩效目标是可以实现的，不能设计得过高或过低。

· R（relevant）：指绩效目标是与企业的其他目标相关联的。

· T（time-bound）：代表有时限，注重完成绩效指标的特定期限。

依据 SMART 原则制定绩效薪酬目标后，需要将企业绩效薪酬目标层层分解到每一个员工身上，从而形成一个完整有序的目标体系。这样就可以有理有据、更加公平地进行绩效薪酬管理。

6.3.2　第二步：明确绩效评估的步骤

在绩效薪酬目标制定后，就要明确绩效评估的主要步骤。在实施绩效评估前，要先确定绩效评估的主要要素：客户评价、工作质量、工作数量、出勤情况、目标达成情况等。

在对这些绩效评估要素进行评价时，要全面、客观、具体地反映。一般地，绩效薪酬评估步骤主要有以下几步。

· 设计员工能够接受的绩效目标。

· 制定科学合理的绩效评估方式。

· 完善绩效沟通的流程。

· 做好绩效评估结果的反馈。

· 实施公平的绩效奖励。

当然，在绩效评估的基础上，还要确定绩效与绩效薪酬的挂钩关系，从而让员工能够了解绩效与个人利益之间的关系，以更好地激发其工作的积极性与主动性。

6.3.3　第三步：实施绩效评估

绩效评估是绩效薪酬设计体系的最终环节，在绩效评估环节，主要的任务是对那些关键的绩效要素进行考核和判断，而且还要坚持公平、公正、合法的原则。同时，在绩效评估完成后，还要将绩效评估的结果传达给员工，当然，向员工传达绩效评估结果的方式也有一定的讲究，并遵循薪酬沟通中的一些方式与技巧，以保证员工可以理解和认可绩效评估结果。

在绩效评估结果得到员工及企业上下的一致认可后，企业就可以正式实施相应的绩效薪酬计划。

6.3.4　第四步：改进绩效薪酬体系

任何绩效薪酬计划都不是一成不变的，甚至可以说绩效薪酬计划有一定的周期性，它会随着时间的变化，以及企业的发展、战略目标的升级、人力资源管理目标的优化等产生一些变化，即绩效薪酬计划具有一定的动态性。

在理解绩效薪酬体系动态性的基础上，薪酬管理人员要做好随时改进绩效薪酬计划的准备，以保证绩效薪酬计划可以与时俱进，适应企业的管理需求。

因此，在实施绩效薪酬计划的过程中，薪酬管理人员要定期对绩效薪酬目标进行修正，更新绩效薪酬相关要素，及时解决和完善相关问题，使绩效薪酬计划发挥最大的作用：激励、保留员工，甚至吸引优秀员工，从而有效为企业战略目标服务。

6.4　特殊人员的奖酬计划

一般来讲，企业的绩效工资、奖金等对应的奖酬计划具有一定的普适性，可以适应大多数职位的绩效薪酬管理需求，但企业中人员类型较多，一些特殊人员往往也需要与其工作性质及职位特征相适应的奖酬计划。

6.4.1 公司董事的奖励报酬设计

董事作为公司董事会的成员，一般由 13 名成员组成，他们在企业的经营过程中承担着监督职业经理人、确保经营遵守法律法规、保护利益相关者权益、服务股东的职能。

就董事会成员而言，一般分为内部董事会成员和外部董事会成员。内部董事会成员，在公司中任职，担任公司经营管理者的角色；外部董事会成员，一般不参与企业的经营，他们往往凭借自身的威望及在社会上的声誉、地位、一些特殊身份（专家、律师、知名学者、资深管理顾问等）而成为公司的董事，这些董事会成员有时也被称为独立董事。

在奖酬方面，内部董事会成员作为企业的高层管理者，可以享受高层管理人员的薪酬待遇，而外部董事会成员的奖酬，则处于发展状态。

1. 内部董事会成员的奖酬——高层经理人员的奖酬

内部经理人员因承担着企业经营管理的职责，所以其奖酬遵从高层管理人员的待遇，所以，我们通过了解高层经理人员的奖酬设计方式来设计内部董事会成员的奖酬。

高层经理人员往往扮演着公司领导者、整体经营管理者、高级职业经理人员的角色，他们在组织中处于塔尖位置，其奖酬主要有一次性绩效奖金、短期年度奖金、长期激励及股票增值计划、经理人员及高层经理人员特权等。这里，我们就来逐一认识这些奖励报酬。

（1）高层经理人员的一次性绩效奖金。一次性绩效奖金主要用来奖励经理人员实现具体和特殊的目标。主要形式见表 6-3。

表 6-3　高层经理人员的一次性奖励形式

奖励形式	具体内容
非固定奖励	董事会通过考核公司利润、公司财务状况、业务状况及未来发展，而给予高层经理人员的非固定奖金
绩效目标奖励	以具体的、实际的绩效目标为导向，通过采用全面的、系统的绩效评价体系来对高层经理人员实施的绩效奖金
预定分配奖励	根据公司薪酬管理的相关内容，以公司预先设定好的奖励计算公式为依据，结合公司的利润情况而向高层经理人员付出的奖金

（2）高层经理人员的短期激励。高层经理人员可以享受的短期激励主要有年度分红、分享计划（收益分享计划、利润分享计划），以及一次性绩效奖金。短期激励在高层经理人员薪酬中的占比较高，尤其是与基本经理人员的基本薪酬相比，短期激励呈现出上涨的趋势。

（3）高层经理人员的长期激励。长期激励同样在高层经理人员的薪酬中占有重要的地位，同时也呈现上涨的趋势。长期激励薪酬的支付期往往在一年以上，一般表现为一些与股票相关的奖励形式。

（4）高层经理人员的特权奖励。特权奖励往往表现为一些物质性的、福利性的奖励，例如高层经理人员可以享受的体检、公司专车、金融咨询、乘头等舱出差等。

2. 外部董事会成员的奖酬

外部董事会成员的奖酬，主要是借助声誉机制发挥作用，即通过公司的良好声誉、股东价值提升等来维护和提升外部董事会成员的声誉。针对外部董事会成员的薪酬，主要有以下内容。

· 聘金（以年薪的方式支付）。

· 董事会会议费。

· 委员会[1] 会议费。

· 委员会委员津贴[2]。

6.4.2 技术研发人员的奖励

技术研发人员主要指某专业领域的科学家、工程师，一般是经过专业教育和训练的知识型员工。技术研发人员的主要工作特点有：从事脑力工作，为组织提供专业技术及知识；工作形式具有团队性、项目性；绩效评价往往以阶段性的成果为导向。因此，技术研发人员的奖励往往是以其具备的知识为基础，这种奖励的目的，主要是激发员工持续学习、不断更新与工作相关的知识与技能。

就技术研发人员而言，其基于知识的奖励，既可以针对其绩效完成的情况实施，也可以针对其专业知识技能认证等级实施。专业知识技能水平的认证，一般有三种形式，如图 6–1 所示。

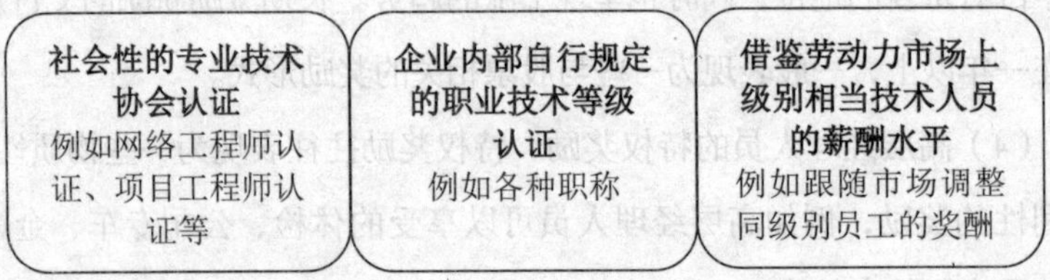

图 6–1　技术研发人员知识技能水平的认证

技术研发人员的奖酬支付，往往与其进入企业的实际年限及绩效表现有关。例如，在技术研发人员进入企业的初期，特别是刚毕业的技术研

① 董事会下一般设有各种委员会，例如薪酬委员会、审计委员会、执行委员会、提名委员会及公共政策委员会等。

② 公司董事一般都在这个委员会中任职，因而享有一定的委员津贴。

发人员，在进入企业的5~7年，绩效薪酬的增幅能达到10%~15%，呈较陡峭的曲线上升态势；在进入企业的15~20年，由于员工技术知识的老化、创新能力的减弱，绩效薪酬上升曲线会变得平缓，绩效薪酬的增幅会降到0%~5%。

所以针对技术研发人员的绩效薪酬奖励，必须能够促进其持续学习、不断更新观念，努力创新，以发挥奖酬的作用。

6.4.3 销售人员的考核与奖励

销售人员的销售能力对企业具有重要的作用，他们是企业走出市场的重要推手，是企业销售收入的主要创造者。就销售人员的工作而言，工作方式相对灵活；工作过程也较难监督，具有不确定性；业绩实现面临的风险较高，工作环境复杂多变等。基于销售人员的这些工作特性，他们的绩效薪酬考核与奖励也就有一定的针对性，为了更好地设计销售人员的奖酬，薪酬管理人员有必要对销售体系进行了解，再基于此进行销售人员的绩效考核与奖酬设计。

1. 了解销售体系

一套完整的销售体系一般包括以下四部分：角色、组织、人员，跨职能协作与客户支持，销售运作与支持，绩效管理与激励。这四部分包含了各项具体的操作要求，如图6-2所示。

2. 销售人员的绩效考核

在销售人员的绩效考核阶段，主要关注考核指标的设计。关于销售人员的考核指标设计，涉及以下几个问题。

（1）销售人员考核指标设计的基本标准。这包括三方面的内容：指标是否基于企业的经营战略，即要基于企业战略、销售策略、销售人员行为来设计考核指标；考核指标涉及的因素是否是销售人员可控或者可影响

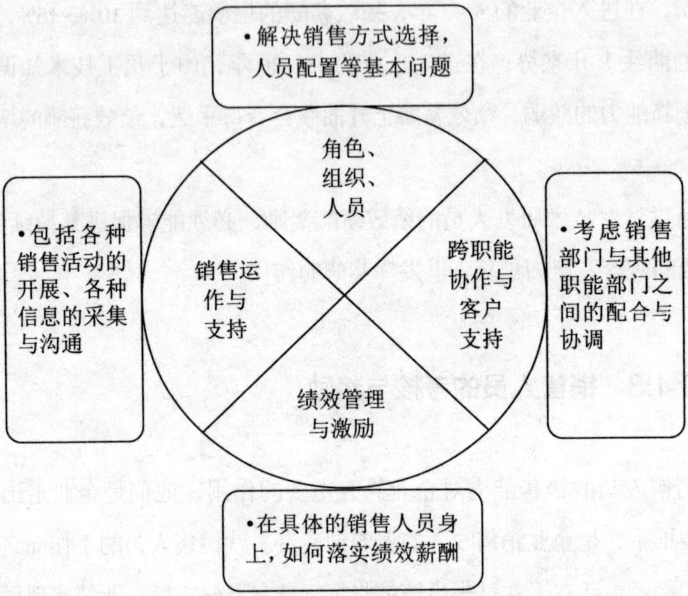

图 6-2　销售体系

的，即考核指标的设计要与具体的销售人员角色联系起来；指标是否是可观察、可测度的，即具体的考核指标要具有一定的可操作性，只有当企业可以测度相应的指标时，才可以依据指标为员工付薪。

（2）销售人员绩效考核的基本关注点。即对销售人员进行绩效考核时关注的基本绩效领域，主要有：销量、销售收入、市场份额、利润、客户满意度。

（3）销售人员绩效考核的指标体系。销售工作靠近市场，其绩效结果比较容易把握和衡量，通常根据“投入—产出”的思路构建绩效考核指标体系，即通过关注绩效产出指标、绩效投入指标，以及投入与产出的关系、销售人员的技能指标来构建绩效考核指标体系。因此，会以产出指标、投入指标、组合比率指标、技能指标为基础构建销售人员的绩效考核指标体系。

3. 销售人员的奖酬构成形式

在实践过程中，销售人员的奖酬方案主要有以下几种。

（1）纯基薪计划：按月给销售人员发放固定数额的基本工资。此计划适用于以下情况：一些高技术含量的产品或服务的销售；数额巨大、销售周期较长；宣讲、展销等；市场环境难以预测；销售新人。

（2）纯佣金计划：基于销售人员的实际业绩，并按照一定的标准只为销售人员支付佣金作为报酬。此计划适用于以下情况：销售人员业绩在短期内容易衡量；销售期较短，容易得出评价；绩效主要由销售人员控制，外因影响较小；销售人员流动性较大；只关注销售结果；没有硬性的绩效目标。

（3）"基薪 + 佣金"计划：将具有保障性的纯基薪计划与具有风险性的纯佣金计划结合起来，向销售人员支付薪酬。基薪是针对销售人员的经验、技能、知识及其客户服务素质而支付的，佣金则是将实现的销售业绩面向销售人员的分享性支付。此计划适用于以下情况：劳动力市场对雇佣企业有一定的基本薪酬要求；销售人员不可控因素（市场风险）较少；对销售人员有一定的控制力；基薪对销售人员的售后服务、客户培训、市场调研等非销售行为具有一定的要求。

（4）"基薪 + 奖金"计划：在基薪的基础上，以奖金支付激励销售人员完成的绩效目标。此计划适用于以下情况：风险性较小，有利于公司按照事先约定的薪酬预算支付薪酬；对销售人员的激励作用较关注；绩效目标能够体现出公司多方面的需求（产品构成、渠道构成、客户结构等）。

（5）"基薪 + 奖金 + 佣金"的混合计划：多种薪酬充分体现在销售人员的薪酬中，在管理和运用的过程中相对较为复杂；同时，可调控的薪酬变量较多，又具有一定的灵活性。当企业面临的市场较为成熟时，此时薪酬管理人员可以为销售人员安排佣金以激励他们开拓新的市场，也可以安排相应的奖金激励销售人员保持现有客户或深入开发现有客户。

【HR说】绩效工资和奖金的区别

在薪酬管理工作中，绩效工资和奖金的区分成了很多人的困扰，无论是薪酬管理人员，还是普通员工，都存在一些片面的认识，甚至将两者混为一谈。这里，我们就对绩效工资和奖金进行更进一步的认识。

首先，绩效工资是企业为员工设计的只有完成一定的绩效标准才可以获得的工资，在实践过程中，绩效工资与员工的绩效表现相关。

其次，奖金是企业为员工设计的一个目标，只有超额完成了目标，超额的部分才可以用来计算奖金。

综合来看，绩效工资与奖金的区别，见表6-4。

表6-4　绩效工资与奖金的区别

项目	区别			
	常规性	挂钩项目	存在性	权重比例
绩效工资	通常是薪酬中的常规项目	主要与员工个人的业绩评定结构挂钩，个人绩效表现的优劣决定绩效工资的高低	当组织设置了绩效工资后，绩效工资的发放关注“多与少”的问题，而不是“有没有”的问题	是从固定工资中分出去的一部分，所以与分出后的固定工资存在一定的比例关系
奖金	通常是薪酬中的非常规项目	主要与公司的业绩挂钩，公司业绩表现的优劣对奖金的高低有重要影响	不仅存在“多与少”的问题，还存在“有没有”的问题。当企业或者个人业绩达不到奖金的发放标准时，可能就没有相应的奖金发放	是额外增加的奖励性薪酬，其数额不需要与企业的薪酬项目做比较，通常不会有比例的限制

第7章

做好福利薪酬规划，提升员工满意度

福利薪酬在员工的薪酬体系中占据着重要的位置，越来越多的企业开始关注福利在提升员工满意度、吸引优秀员工方面的作用，甚至从战略的角度设计福利薪酬。所以，在薪酬管理工作中，福利管理也不容忽视，企业要在全面理解福利的前提下，做好福利薪酬规划，跟随市场薪酬管理的步伐，提升企业的薪酬管理工作。

7.1 员工福利的界定与类型划分

员工福利是员工薪酬中的重要部分，在福利管理日益发展、研究和成熟的过程中，不同的学者对福利提出了不同的理解。对于企业本身而言，福利是面向员工的，且大多是以物质形式表现的员工报酬。同时，福利在不同的层面还会表现出不同的形式。

7.1.1 员工福利的界定

关于员工福利，我们很容易想到的是员工在日常工作过程中得到的一些实物，享受的带薪年假、员工服务、免费体检、休闲设施等。在薪酬管理中，学者从劳动经济学、人力资源管理的角度，对福利进行了很多研究。因此，对福利的界定，一般包括以下内容。

· 员工福利是员工总薪酬中的重要部分。

· 员工福利大多表现为非货币性收入（例如各种保障计划、休假、服务、实物报酬等）。

· 员工福利通常采用直接支付的形式发放，大部分福利员工在当期就可以享受①。

· 福利是具有普惠性的薪酬形式，通常企业所有的正式员工都可以享受到福利。

---

① 有些福利项目会在若干年以后员工才能享受到，例如企业年金等，一般是在未来员工退休后才可以享受。

· 员工福利通常为非劳动收入，即员工享受福利并不是在提供劳动后，与员工个人的贡献无过多关系，员工进入企业后，一般都可以正常享受企业的员工福利。

· 福利带有一定的补偿性，为一些特殊的、员工关心的事件提供补偿。

基于人们对员工福利的认识，我们能清晰地认识到福利在企业薪酬体系中的重要性，这种带有补偿性的薪酬内容，能在提升员工满意度方面发挥重要作用。

7.1.2　员工福利的类型

一般地，我们通过以下四个方面对福利进行划分，从而透视福利的各种类型。

1. 按应用目的对福利进行划分

按应用目的对福利进行划分，福利可以分为保障型福利、保险型福利、服务型福利。

（1）保障型福利：保障员工的基本生活，例如养老、医疗、生育、住房等。

（2）保险型福利：为员工将来可能遇到的风险提前提供保险性补偿，例如大病保险、伤害保险、失业险等。

（3）服务型福利：用来满足员工更多的需求，提高员工工作、生活满意度，对员工有一定的激励作用，例如节假日福利、休假福利、健康福利等。

2. 按制定对象对福利进行划分

按制定对象对福利进行划分，福利可以分为法定福利、企业自有福利。

（1）法定福利：根据国家政策、法律和法规，企业必须向员工提供的福利，主要指企业必须为员工缴纳的“五险一金”。

（2）企业自有福利：根据企业自身的管理特色、财务状况和员工的内在需求，向员工提供的各种补充保障计划和各种服务、实物、带薪休假等。

3. 按支付对象对福利进行划分

按支付对象对福利进行划分，福利可以分为管理者福利和员工福利。

（1）管理者福利：也被称为“高端人士的福利”，这种高端福利主要表现为一些身份的象征，例如企业向高端员工提供的高尔夫俱乐部等场所的会员资格，这不仅可以为员工提供实惠，同时还有利于员工在这些会员场所拓展人际关系。

（2）员工福利：企业正常情况下设置的一些法定及自有福利项目。

4. 按员工的选择权对福利进行划分

按员工的选择权对福利进行划分，福利可以分为固定福利和弹性福利。这里的选择权，指的是员工对具体福利形式的选择。通常企业会给出一个“福利包”，员工根据自身的实际需要，来选择适合自己的福利种类。

（1）固定福利：通常包括法定福利、一些通过企业制度规定的福利、员工整体都可以享受到的具有一致性的一些福利。

（2）弹性福利：就是员工通过选择“福利包”中福利，来享受相应的福利。弹性福利能满足不同员工对不同类型福利的偏好。

7.1.3 员工福利在人力资源管理中的作用

大多数企业的福利管理越来越成熟，福利在薪酬中的比重也越来越高，那么企业在福利方面所做的努力，对其人力资源管理会产生什么样的作用呢？

其实，当企业拥有完备的员工福利时，可以帮助企业提升人才竞争优势，这对于知识型企业而言，对优质人才的吸引能有效增加企业的核心能力。而且企业的福利管理越人性化，越能增加员工的凝聚力，非常有利于实现企业人力资源管理目标。

基于此，企业在福利管理方面，要做好福利制度的建设，在完备的福利制度下，企业更容易实现人力资源管理的目标及企业战略目标，同时还可以鼓励员工之间的合作，调动员工的积极性与主动性，推动企业文化建设和价值观传递。

7.2 从自有福利出发，认识福利管理体系

根据福利的制定对象不同，福利可以分为法定福利（五险一金、法定节假日、特殊情况下的工资支付等）和自有福利（补充养老保险、补充医疗保险、交通补贴、餐补等）。法定福利更加强调保障作用，而自有福利更加强调激励作用。

7.2.1 了解企业的自有福利

企业之所以在法定福利的基础上设计自有福利，出发点就是为了激励员工，那么自有福利有什么样的激励效果呢?

1. 提升员工满足感

我们知道，福利是薪酬中的重要补充成分，同时福利的分配还被管理者所掌握，每一类员工可以享受什么样的福利及标准，都是由企业自主决定的。这样，作为补充成分和具有企业自主决定性质的自有福利，成了

员工的一种“意外”收入，因而可以提升员工的满足感，起到一定的激励作用。

2. 提升企业形象

管理技术的进步，让企业在管理中对员工关怀更加重视，相应自有福利内容也逐渐丰富。当企业制定和实施较好的福利制度时，企业在市场中的形象会更加鲜明，并能够通过这种形象实现吸引和保留员工的目标。所以，福利的激励效果在提升企业形象方面具有重要的作用。

3. 塑造企业文化

员工福利往往是企业文化的物质载体，不同需求的企业会通过员工福利的形式来传递自己的文化价值观念。例如，强调团队协作的企业可能会注重员工集体活动频次，强调员工健康发展的企业会增加员工体检、保健等福利支出。企业对于员工福利方面的关注和投入，都是企业文化的一种体现。

4. 有利于企业控制人工成本

企业自有福利大部分都具有一定的灵活性，那么自有福利作为一项成本支出，就可以根据企业的经营状况对一些自有福利项目进行调整，从而实现对人工成本的调控，减少企业的薪酬成本支出。

通过了解自有福利的激励效果，可以发现福利管理活动在企业薪酬管理活动中占据着重要的地位，企业非常有必要建立福利管理体系，让福利为企业的人力资源管理工作实施、战略目标实现提供支持。

7.2.2 企业福利管理体系的构建

1. 福利体系概览

福利体系是用来对员工的福利进行规划的体系，福利体系的建设要结合福利项目和福利总额的规模而确定。在企业福利管理体系中，法定福利和自有福利的相关项目可能面向不同的岗位，甚至还有不同的支付标准，例如表 7-1 是某企业中的每一类福利的相关情况。

表 7-1　某企业的福利分类及相关情况

福利类型	福利项目	作用	面向对象	标准
法定福利	社会保险	保障	全体员工	—
	住房公积金	保障	全体员工	—
	法定节假日	保障	全体员工	—
	高温补贴	保障	一线员工	—
	……	保障		
自有福利	企业年金	保障	全体员工	—
	补充医疗保险	保障	全体员工	全体员工享受普通医疗保险、意外伤害保险、住院医疗保险。核心人才增加特种疾病保险
	公司用车	激励	核心人才	总经理：A 级车，专职司机 副总经理、总工程师：B 级车 其他员工：C 级车
	住房补贴	激励	核心人才	总经理：5000 元 / 月 副总经理：3000 元 / 月 其他员工：2000 元 / 月
	餐饮补贴	补贴	全体员工	—
	境外休假	激励	年度考核达标人员	按 10000~15000 元 / 人的标准由公司统一组织，未参与人员发放 5000 元现金
	……	……	……	……

2. 建设福利体系的四个基本点

企业在建设自身福利体系时，要先明确以下四点。

· 企业要推出的福利有哪些。

· 每一项福利要发挥什么样的作用。

· 每一项福利的标准是什么。

· 谁可以享受企业的福利。

企业确定了自己要实行的福利类型后，每一项福利起到激励作用还是保障作用，就会显而易见。此外，福利标准的确定，主要跟企业效益有关，当企业效益较好时，福利的标准可以提高；当企业效益不好时，福利的标准可以下调。不过，餐饮补贴等常规性福利一般根据企业所在地的消费水平确定后，不轻易随企业效益的变化而改变。关于福利的享受对象，常规性的福利一般全体员工都可以享受，而一些面向“高端人士的福利”，则按一定的标准由高层管理者享受。

3. 福利体系中福利项目的确定

在构建福利体系的过程中，法定福利是确定的，企业要做的是如何确定自有福利项目。对于自有福利项目，可以分为补贴型（对员工基本工资、绩效等项目的补贴）和激励型（对薪酬激励效果的完善，提高激励的针对性）。

就自有福利项目而言，并不是越多越好，关键是要满足员工的需求。这可以参照市场上常见自有福利的形式及福利项目的设立效果来确定。整体来看，市场中企业最常用的自有福利项目有补充医疗保险、交通补贴、住房补贴、餐饮补贴。此外，企业还可以根据自身的经营特色设置一些特殊的福利项目，例如，一些企业为开阔员工的视野而为其提供免费的出国旅游机会等。

4. 福利体系构建要做好福利总额的控制

在构建福利体系时，还要关注福利总额的规模。即要根据福利总额的规模来设置福利项目及相应的福利标准，遵循“有多少钱，办多少事”的原则。而且在福利总额出现变化时，还要对福利项目实施增删、对福利标准进行上调或下调。不过在福利项目的调整过程中，有些项目不适应频繁地调整，特别是要避免降低标准，例如餐饮补贴、交通补贴等项目。在对福利总额进行调整的过程中，一般遵循以下程序，如图 7–1 所示。

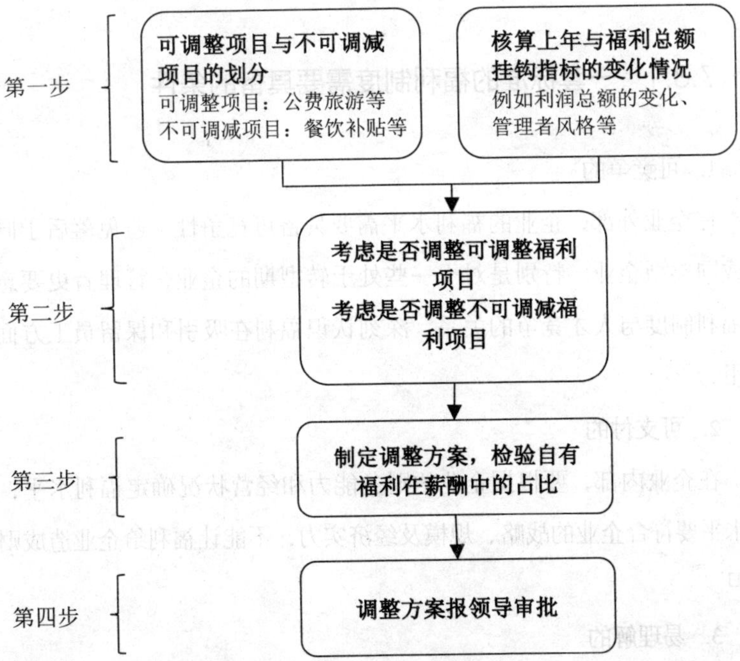

图 7–1　福利总额的调整流程

在福利总额的调整流程中，第二步非常重要，并要保证先调整可调整福利项目，再考虑不可调减项目。此外，在第三步制定的薪酬调整方案中，要保证自有福利水平在薪酬总额中的占比保持在 20%~40%。

7.3 了解福利制度标准，制订年度福利计划

企业年度福利计划的制订，需要有一套好的福利制度做支持，而一套好的福利制度，往往需要满足一些标准，这些标准对福利计划的制订起着指导作用。

7.3.1 一套标准的福利制度需要具备的条件

1. 可竞争的

在企业外部，企业的福利水平需要具备可竞争性，避免落后于同行业或同类型企业。特别是对于一些处于转型期的企业，管理者更要意识到福利制度与人才竞争的关系，深刻认识福利在吸引和保留员工方面的作用。

2. 可支付的

在企业内部，要根据企业的财务能力和经营状况确定福利水平，福利水平要符合企业的战略、规模及经济实力，不能让福利给企业造成财务负担。

3. 易理解的

各个福利项目的表述和设计能够很容易被员工理解，员工在享受企业所选择的福利项目时，不会产生分歧，不会造成困扰、产生误解，从而让福利发挥出应有的激励作用，达到企业所追求的激励效果。

4. 可管理的 / 可操作的

企业设计的福利项目要切合实际，可以在企业中实施与执行。因此，企业在设计福利项目时，要对福利有明确的认识，将有用的福利发放给员工，这不仅有利于员工，还有利于企业。同时，福利项目的设计要考虑企

业的成本问题。

5. 灵活的

福利项目的选择，不仅要满足企业大多数员工的需求，还要以企业的经营状况、财务能力为基础。灵活性的根本是给员工对福利的选择权，这种选择权，更加倾向于“是否可选，什么时候选择”，例如，在一些企业中，家里有适龄儿童的员工，可能会享受到相关教育补贴，而没有适龄儿童的职工，却可以享受到该福利折现后的价值。这样，福利在员工之间的满意度会有很大的提升，使得福利的灵活性得以体现。

7.3.2　年度福利计划的制订

1. 编制年度福利计划的一些要点

薪酬管理人员在编制年度福利计划时，需要先掌握以下要点，以有效推进福利计划的编制工作。

（1）了解企业计划年度的人员编制情况。在编制年度计划时，对企业的人员编制情况进行了解。福利计划是根据岗位的满编情况而制订的，即使不同岗位的员工出现了一些调整，但仍然要以岗位和编制为基础，根据满编情况制订年度福利计划。

（2）提前了解各类员工的福利标准。不同岗位的员工，因为工作性质的不同，可能会存在一些不一致的福利需求。因此，在编制福利计划时，要根据岗位的不同，逐项进行核算。

（3）提前掌握下一年度的人员招聘计划。在实际中，企业一般都不是处于满编状态，所以企业的招聘计划一直存在。那么在制订年度福利计划时，有必要对企业下一年度的招聘计划进行了解，这样更有利于根据人员招聘进度及相关人员实际的到岗时间来控制福利成本，确保福利预算更加准确和有效。

（4）掌握超编人员的处理策略。企业中也会存在超编的情形，面对这种状况，企业就需要根据实际情况进行确定。如果管理者允许部分岗位出现超编情况，那么超编人员要直接纳入到福利计划中，这样就不会使福利计划超出福利实际；当企业管理者不允许超编岗位出现，并要求压缩人员时，这些部门的福利计划只能按编制制订，部门可能会面临人工成本超支的风险。

2. 年度福利计划的编制流程

年度福利计划的编制，要结合年度福利薪酬预算、可使用福利额度，以及法定福利和自有固定福利额度有保证的前提，进行福利总额的控制，然后增删相应的福利项目以确保福利计划编制的有效执行。一般地，年度福利计划的编制流程如图 7–2 所示。

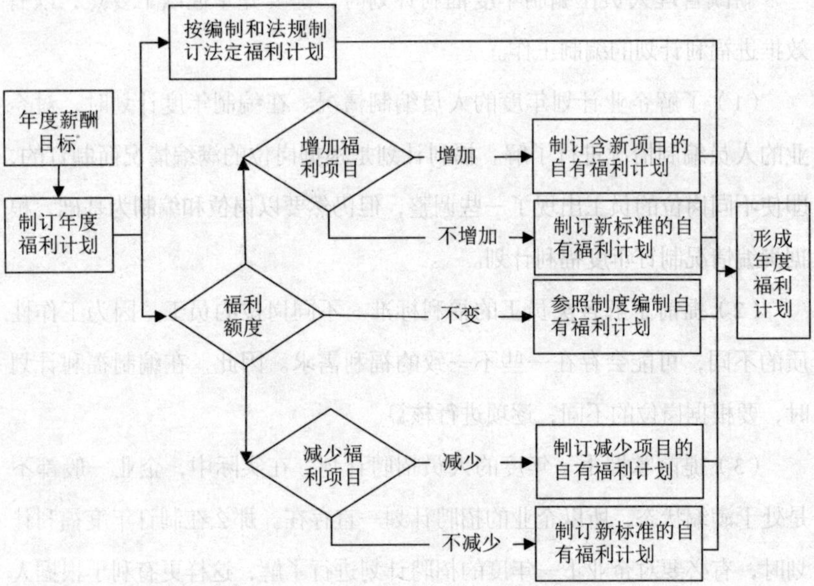

图 7–2 年度福利计划编制流程

3. 年度福利计划的编制

根据年度福利计划编制的相关要点，以满编人数为基准，依据福利计划的编制流程，先以部门为单位编制每一项福利的年度计划，我们一般会使用到表 7-2 这样的福利计划编制表。

表 7-2　某项福利计划编制表

部门名称	岗位名称	编制人数	×× 福利金额	实有人数	领取福利月数	×× 福利实际金额
	岗位 1		A 元 / 年			a 元 / 年
	岗位 2		B 元 / 年			b 元 / 年
	岗位 3		C 元 / 年			c 元 / 年
	岗位 4		D 元 / 年			d 元 / 年
	年度福利计划合计					a+b+c+d（元 / 年）

当所有的福利项目计划编制完成后，就可以汇总出企业年度福利计划，表 7-3 就是企业最终形成的年度福利计划表。

表 7-3　企业年度福利计划表

项目	商业保险（元）	交通补贴（元）	餐饮补贴（元）	公费旅游（元）	……	小计（元）
企业领导						
办公室						
人力资源部						
财务部						

（续表）

项目	商业保险（元）	交通补贴（元）	餐饮补贴（元）	公费旅游（元）	……	小计（元）
审计部						
研发部						
生产部						
销售部						
客服部						
……						
合计						

7.4　弹性福利计划给员工更多的福利选择

企业福利的主要目的是提升员工的满意度，并实现关怀员工，从而塑造更加和谐融洽的企业环境，促进企业文化建设，为企业的长效发展助力。不过，随着企业对福利认知的加深，以及员工需求的多样化，一些企业逐渐开始尝试弹性福利制度。

弹性福利制度在一些发达国家的企业中应用比较广泛，组织会列出一个“福利菜单”，该“福利菜单”的内容选择由员工参与，并限制在一定的范围内，然后员工根据自己的需求选择“福利菜单”中的相关项目而享受相应的福利。

就弹性福利计划而言，其主要分为以下几种类型。

1. 自助式福利

员工可以从企业提供的“福利菜单”中完全自由地选择自己所需要

的福利。在这种福利模式中，企业是福利的供给方，员工是福利的需求方，为了让这种供给与需求实现完美匹配，在建立自助式福利制度时，需要考虑以下内容。

（1）企业要根据员工需求提供多样化的福利产品。企业要通过问卷、访谈等形式对员工开展福利需求调查，收集员工对福利的需求信息，然后归类和整理员工需求的福利种类及层次。

（2）建立员工福利自助机制。当企业的福利制度确定后，员工最关心的就是这些福利项目的选择，这也就是企业的福利自助机制问题。关于福利自助机制的确定，一般分为4个步骤，如图7-3所示。

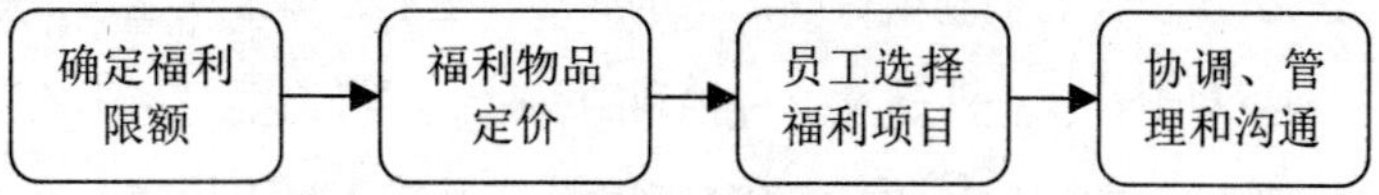

图7-3　自助式福利机制的确定

①福利限额的确定，通常表现为一定的点数。确定福利限额，实际上就是确定福利点数。福利点数与员工工资、资历、家庭背景等因素有关，企业通过对员工资历的审查、绩效考核等手段，一般会给予不同的员工不同的福利点数，而相应的福利点数又对应一定现金价值。关于每一个福利点对应的具体现金价值的确定，可通过以下计算方法来确定：

福利点的单价＝企业福利计划总额÷全体员工获得的总福利点数

②福利物品定价，即根据物品的实际价格、福利点的单价，将物品的定价折算为相应的福利点数，从而得到福利物品的点数价格，对于那些不能用货币衡量的物品，例如假期，则需要根据一定标准折算成相应的价值再进行定价。某件福利物品的点数价格计算如下：

某件福利物品的点数价格＝该福利物品的市场定价 ÷ 福利点的单价

③在员工具有了相应的福利点数及福利物品定价完毕后，员工要选择福利项目。公司首先向广大员工公布福利物品的种类及价格；其次，员工进行选择；最后，根据员工选择的结果，公司进行登记，并在某一时点向员工提供相应的物品。

④协调、管理和沟通，即针对福利享受过程中发生的各种纠纷及员工对福利的意见反馈采取相应的处理措施。

2. 标准组件式福利

企业会同时推出多种固定的“福利组合”，类似于“福利套餐”，每一种福利组合包含的福利项目或优惠水准都有差别，员工只能选择享受其中的一个福利组合。企业建立这种福利制度时，同样需要对员工的背景进行调查，收集并整理相关信息，从而制定出更加适合员工的福利组合。

3. 核心外加式福利

核心外加式福利是由“核心福利”和“弹性福利”两个部分组成的一种福利模式。核心福利部分，是员工可以享有的基本福利，不能自由选择；弹性福利部分，附有价格，员工可以随意选择。

4. 弹性支用账户式福利

员工每年可以从税前收入中拨出一定数额的款项作为自己的专用账户，并以此账户去选择各种福利项目的福利计划。这种福利方式同样对员工有一定的吸引力，不过为了保证“专款专用”，这种专用账户中的金额如果在本年度没有用完，次年就会失效，而且已经确定的认购福利款项也不能挪作他用。

【HR说】了解我国的法定福利

在我国企业中，法定福利包括基本养老保险、基本医疗保险、工伤保险、生育保险、失业保险五大险种及住房公积金。

1. 基本养老保险

基本养老保险是国家统一政策规定强制实施的、为保障广大离退休人员基本生活需要的一种养老保险制度。根据《中华人民共和国社会保险法》(以下简称《社会保险法》)的规定，职工应当参加基本养老保险，由用人单位和职工共同缴纳。我国的基本养老金由统筹养老金和个人账户养老金组成，用人单位应当按照国家规定的本单位职工工资总额的比例缴纳基本养老保险费，计入基本养老保险统筹基金。基本养老金根据个人累计缴费年限、缴费工资、当地职工平均工资、个人账户金额、城镇人口平均预期寿命等因素确定。

2. 基本医疗保险

职工参加的基本医疗保险，由用人单位和职工按照国家规定共同缴纳。参加职工基本医疗保险的个人，达到法定退休年龄时累计缴费达到国家规定年限的，退休后不再缴纳基本医疗保险费，按照国家规定享受基本医疗保险待遇；未达到国家规定年限的，可以缴费至国家规定年限。

3. 工伤保险

职工应当参加工伤保险，由用人单位缴纳，职工不缴纳。用人单位在为员工缴纳工伤保险时，应当按照本单位职工工资总额，根据社会保险经办机构确定的费率缴纳。工伤保险能够为在生产、生活中遭受事故伤害和患职业病的劳动者及其亲属提供医疗救治、生活保障、经济补偿、医疗与职业康复等物质帮助。

4. 生育保险

职工应当参加生育保险，保险费用由用人单位按照国家规定缴纳，职工不缴纳。生育保险待遇包括生育医疗费用和生育津贴。生育保险旨在通过向职业妇女提供生育津贴、医疗服务和产假，帮助她们恢复劳动能力，重返工作岗位。

5. 失业保险

职工应当参加失业保险，保险费用由用人单位和职工按照国家规定共同缴纳。失业保险金的标准，由省、自治区、直辖市人民政府确定，不得低于城市居民最低生活保障标准。用人单位应当及时为失业人员出具终止或者解除劳动关系的证明，并将失业人员的名单自终止或者解除劳动关系之日起十五日内告知社会保险经办机构。

6. 住房公积金

单位应当向住房公积金管理中心办理住房公积金缴存登记，并为本单位职工办理住房公积金账户设立手续。每个职工只能有一个住房公积金账户。单位录用职工后，应当自录用之日起30日内向住房公积金管理中心办理缴存登记，并办理职工住房公积金账户的设立或者转移手续。职工住房公积金的月缴存额为职工本人上一年度月平均工资乘以职工住房公积金缴存比例，职工个人缴存的住房公积金和职工所在单位为职工缴存的住房公积金，属于职工个人所有。住房公积金应当用于职工购买、建造、翻建、大修自住住房，任何单位和个人不得挪作他用。

第8章

编制年度薪酬预算，合理控制薪酬数额

薪酬作为企业的一项成本支出，在企业成本管控、预算管理中占有重要地位。结合财务知识，进行薪酬预算管理，对于控制薪酬成本、优化薪酬管理工作、提升薪酬管理工作的效率，具有重要的作用。薪酬预算管理的目的就是将企业有限的员工薪酬有效地投资到员工身上，让员工薪酬发挥应有的作用，从而提升企业人力资源管理效率。

8.1 财务报表中的薪酬项目及年度薪酬总额

与员工薪酬相关的各项薪酬项目，最终都会显示在财务报表中，在企业会计准则中，职工薪酬包括短期薪酬、离职后福利、辞退福利和其他长期职工福利。企业提供给职工配偶、子女、受赡养人、已故员工遗属及其他受益人等的福利，也属于职工薪酬。那么，针对这些薪酬项目，我们通过财务视角，来了解它们在财务报表中的表现。

8.1.1 财务报表中的薪酬项目

薪酬是企业的支出成本，我们可以通过企业的财务报告，来了解具体的职工薪酬项目和数额。表 8-1 是企业职工薪酬中常见各项目在财务报告中的列示，可以看出，各项薪酬项目的变动都有清晰的展示。

表 8-1 财务报告中的薪酬项目

项目	期初余额	本期增加	本期减少	期末余额
1. 工资、奖金、津贴和补贴				
2. 职工福利费				
3. 社会保险费				
其中：医疗保险				
工伤保险				
生育保险				
其他				
4. 住房公积金				

（续表）

项目	期初余额	本期增加	本期减少	期末余额
5. 工会经费和职工教育经费				
6. 劳务派遣费				
合计				

在具体的财务相关报表中，职工薪酬各项目会结合企业的经营情况，进行更具体的展示，见表 8-2。

表 8-2　财务报表中的薪酬项目展示

项目	期初余额	本期增加	本期减少	期末余额
一、经营指标				
（一）利润总额				
（二）营业收入				
二、薪酬				
（一）工资和奖金				
1. 基础工资总额				
2. 绩效工资总额				
3. 奖金				
（二）福利				
1. 社会保险福利				
2. 自有福利				
其中：交通补贴				
餐饮费补贴				
其他				
3. 住房费用				
其中：住房公积金				
企业住房补贴				

（续表）

项目	期初余额	本期增加	本期减少	期末余额
（三）职工教育经费				
培训费				
（四）其他人工成本				
……				
合计				

8.1.2 企业的年度薪酬总额

企业年度薪酬总额的统计，以企业统计年限内所有在企业领取薪酬的员工为范围。在年度薪酬总额账目中，包括四个部分：基本信息、应发薪酬福利、应扣费用、实发薪酬。

1. 基本信息

基本信息是员工的一些基本信息，包括员工的姓名、所在部门、岗位等。

2. 应发薪酬福利

应发薪酬福利是全年的员工薪酬总收入，包括应发薪酬和应发福利两部分。应发薪酬指全年的员工薪酬总额（基本工资、绩效工资及奖金），应发福利指全年的员工福利总额。

3. 应扣费用

应扣费用指在员工薪酬发放过程中需要扣除的部分，主要有五险一金、个人所得税、其他扣款等。五险一金反映员工个人缴纳部分的金额；个人所得税指依据税法由企业代扣代缴的应由员工个人承担的所得税部分；其他扣款指工会经费、其他处罚扣款等。

4. 实发薪酬

实发薪酬指员工应发薪酬福利减去应扣费用后，实际向员工发放的薪酬。

关于企业的年度薪酬总额及其各部分在财务报表中的展示，见表 8-3。

表 8-3　202× 年度员工薪酬账

序号	基本信息			应发薪酬福利									应扣费用					实发薪酬
				工资				福利				应发合计	其他扣款	五险一金		个人所得税	应扣合计	
	部门	姓名	岗位	月工资年合计	年度绩效工资	奖金	工资全年小计	餐饮补贴	交通补贴	……	福利小计			五险	公积金			
1			总经理															
2			总会计师															
3			副总经理															
4			总工程师															
5	办公室		办公室主任															
6	办公室		办公室副主任															
7	财务部		财务部经理															
8	财务部		成本会计															
9	财务部		资金会计															
10	财务部		出纳															
11	人力资源部		人力资源部经理															
12	人力资源部		人事主管															
13	人力资源部		人事专员															
14	技术部		技术部经理															
15	技术部		技术员															
……	……	……	……															
合计																		

8.1.3 员工个人薪酬账

基于对企业年度薪酬总额账的了解，我们还可以得出企业中每一位员工在一年中的薪酬账，见表 8-4。

表 8-4 员工个人年度薪酬账

部门： 姓名： 岗位：

月份	应发薪酬福利									应扣费用					实发薪酬
	工资				福利						五险一金				
	月工资年合计	年度绩效工资	奖金	工资全年小计	餐饮补贴	交通补贴	……	福利小计	应发合计	其他扣款	五险	公积金	个人所得税	应扣合计	
1															
2															
3															
4															
5															
6															
7															
8															
9															
10															
11															
12															
合计															

8.2 全面预算管理下的企业年度薪酬预算

全面预算是企业以发展战略为导向，对一定时期内所有经营、投资和财务活动做出的预算安排。企业之所以进行预算管理，目的是使企业的资源获得最佳生产率和获利率。在全面预算下，年度薪酬预算指的是管理者在薪酬管理过程中，融合财务知识进行的一系列成本开支方面的权衡和取舍。

8.2.1 理解全面预算

全面预算是一种全方位、全过程、全员参与的预算编制与实施的管理模式。具体来说，全面预算就是将未来一定经营时期内的经营管理目标进行逐层分解、下达于企业内部的各部门，并以价值形式反映企业生产和财务活动的计划安排。

1. 从“预算”入手，理解全面预算

所谓“预算”，就是“预先计算”。对企业而言，这里预先计算的对象是企业的某项经济活动、某项工程对应的资金需求计划、资金收支计划，以及人力、物力等资源的使用计划。具体来说，全面预算的计算内容包括三个方面。

（1）目标：通过计算来预测可达成什么样的目标、实现多大规模的业绩。

（2）行动计划：通过计算来安排实现目标的计划，可分为经营预算和资本预算。

（3）资源：计算保证行动计划成本执行所需要的支持资源。如果已有的资源不能满足计划的执行，那么还需要围绕资源的其他获取渠道进行计算，或者依据资源计算来调整行动计划与目标。

2. 全面预算的真面目

全面预算是指企业为实现战略目标，采用预算编制方法，对预算期内所有经营、投资和财务活动进行统筹和安排。

在全面预算管理的指导下，企业可以根据实际情况制定自己的预算管理标准，并围绕此标准执行经营、投资、财务活动，同时对执行的结果进行评估，以实现控制、核算、分析、考核、奖惩等一系列管理目的。

在具体的操作环节，全面预算的内容包括三个方面。

（1）业务预算：指企业对计划期内日常发生的实质性经营活动的预算，例如销售预算、生产预算、采购预算、费用预算等。

（2）财务预算：指企业对计划期内现金收支、经营成果、财务状况的预算，例如现金预算、预计收益表、预计资产负债表等。

（3）专项预算：指企业对计划期内不经常发生的长期投资项目或筹资项目所编制的预算，如资本支出预算、筹资预算等。

在全面预算下，企业的管理活动是一种全过程的管理。这里的全过程指企业对各经营项目的事前、事中、事后所做的全面管理。每一个管理过程都对应着细分的预算管理过程，如图 8-1 所示。

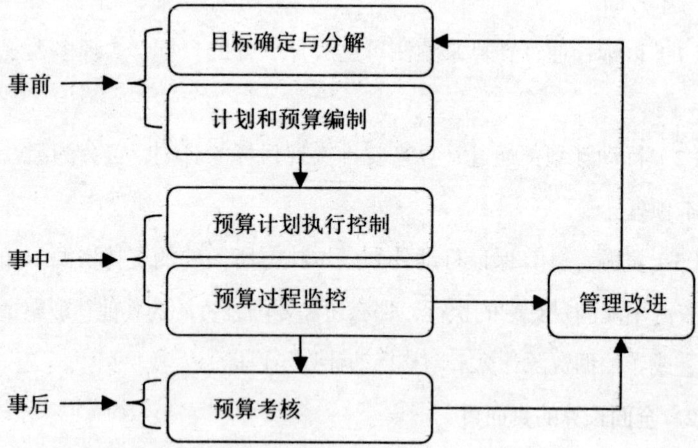

图 8-1　全面预算下的全过程管理

8.2.2　理解年度薪酬预算

在全面预算中，从财务视角出发，薪酬预算被称为人工成本预算，这里的人工成本主要有职工工资总额、社会保险费用、职工福利费用、职工教育经费、职工住房费用和其他人工成本等。

根据全面预算管理，企业年度薪酬预算的编制是从确定企业的战略目标、经营计划开始，逐层进行战略目标的分解，最终到达人力资源部，由人力资源部制定年度薪酬预算。即薪酬预算编制是一个从企业的决策机构开始，逐渐向工作机构、执行机构转移的工作。

具体来说，首先，企业的决策机构（股东大会）授权董事会负责决定企业薪酬预算管理制度和企业年度薪酬预算管理方案，提出年度薪酬预算目标。董事会再组织成立薪酬预算管理委员会或授权总经理办公会负责，让其作为企业的薪酬预算管理的决策机构（也是预算日常管理机构），负责制定薪酬预算管理制度、规定文件，审议年度薪酬预算编制的程序和要求，审议薪酬预算草案，并提出修改意见。

其次，人力资源部牵头的工作部门，负责根据企业要求制定薪酬预算目标，编制预算，指导各部门及下属单位的薪酬预算编制工作，并初步审查部门及下属单位的薪酬预算草案，汇编成总的薪酬预算草案，并与财务部门及企业领导沟通，报预算管理委员会审查。

最后，由各部门组成执行机构，按照薪酬预算实施成本控制计划，将实施过程中的问题及时反馈给薪酬预算管理机构。

所以，整个年度薪酬预算编制流程可以用图 8-2 表示。

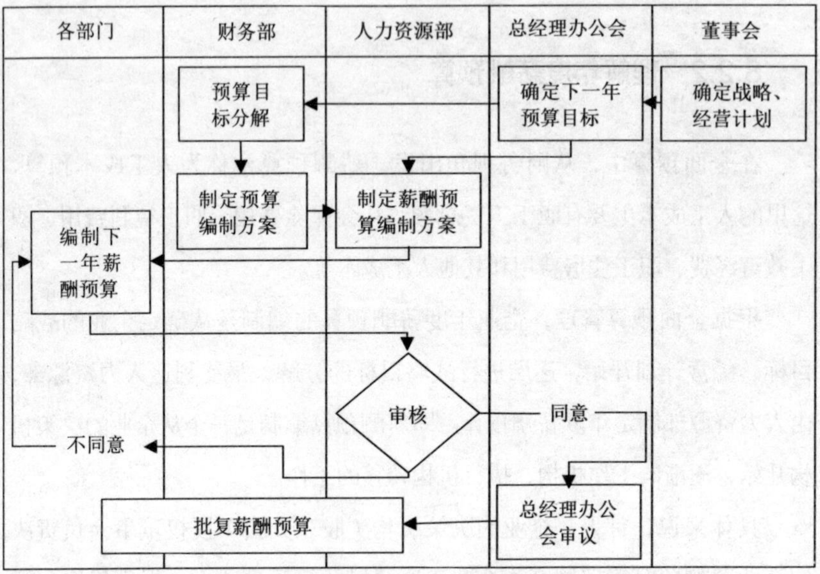

图 8-2 年度薪酬预算的编制流程

有了全面薪酬预算的编制流程，人力资源部就可以牵头进行企业的年度薪酬预算编制。

8.3 了解预算推算方法，编制企业的薪酬预算

在具体的年度薪酬预算编制过程中，还需要遵从一定的薪酬预算推算方法（薪酬比例推算法、盈亏平衡推算法、劳动分配推算法、零基预算法），这些薪酬预算推算方法，是基于预算的编制方法而得出的，在了解和掌握这些薪酬预算推算方法的基础上，就可以编制企业的薪酬预算。

8.3.1　常见的薪酬预算的推算方法

1. 薪酬比例推算法

薪酬比例推算法比较容易理解，就是根据企业的销售额，按照一定的薪酬预算比例，推算企业下一年度的薪酬预算。这种薪酬预算推算方法比较适合于那些销售额稳定、销售业绩没有大幅起落的企业。

薪酬比例推算法计算薪酬预算额的公式如下：

薪酬预算额＝上年度薪酬总额 × 上年度薪酬费用比率

式中：

上年度薪酬费用比率＝上年度薪酬总额 ÷ 上年度销售总额

这里的薪酬总额通常是广义的所有经济性薪酬的总额，从而推算出包含所有项目的薪酬预算额。

在实践过程中，为了计算方便，有些企业习惯将薪酬总额转化为财务上的人工成本，在这种情况下，薪酬预算额也要改为财务上的人工成本预算额。此时，上年度的薪酬费用比率计算公式如下：

上年度薪酬费用比率＝（上年度薪酬发生总额 ÷ 员工总人数）÷（上年度销售总额 ÷ 员工总人数）＝人均薪酬额 ÷ 人均销售额

其实，薪酬费用比率，就是给每一位员工发放的薪酬额与企业人均产生的销售额的比率。从这里可以看出，薪酬比例推算法的原理，其实是在企业保持一定销售额的前提下，向员工支付的薪酬额的比率维持稳定。

由于行业特点与企业规模的不同，薪酬费用比率也各有差异。

2. 盈亏平衡推算法

盈亏平衡推算法，也称为本量利推算法，是根据企业产品的产量、运营成本和产生的利润三者之间的相互作用关系，来控制成本、预算利润的综合分析方法。

使用盈亏平衡法推算薪酬预算额，首先要了解盈亏平衡点。所谓盈亏平衡点，就是企业的全部销售收入等于全部销售成本的点，如果企业的实际销售收入高于盈亏平衡点，则企业是盈利的；如果企业的实际销售收入低于盈亏平衡点，则企业处于亏损中。

此外，在使用盈亏平衡推算法时还要确定企业安全盈利点的销售额。安全盈利点指企业的销售额既能确保股东权益，又能应对企业风险和危机的销售额。

盈亏平衡推算法下的企业薪酬预算额的计算公式如下：

薪酬预算额 = 本年度销售预算总额 × 合理的薪酬费用比率

式中：

最低薪酬费用比率≤合理的薪酬费用比率≤最高薪酬费用比率

最高薪酬费用比率 = 上年度薪酬总额 ÷ 盈亏平衡点销售额

最低薪酬费用比率 = 上年度薪酬总额 ÷ 安全盈利点销售额

3. 劳动分配推算法

劳动分配推算法的原理是，测算企业在一定时期内新创造的价值中有多少用来支付人工成本。反映的是分配关系与人工成本要素之间的投入产出关系。

在劳动分配推算法下，薪酬预算额的计算公式如下：

薪酬预算额 = 本年度预算人工成本 × 薪酬费用占比

式中：

本年度预算人工成本 = 本年度预算劳动分配率 × 本年度预算附加价值①

这里的本年度预算劳动分配率，可以由上年度劳动分配率推算出来：

上年度劳动分配率 = 上年度人工成本总额 ÷ 上年度附加价值 ×100%

劳动分配率反映企业人工成本投入与附加价值产出之间的关系，是衡量企业人工成本相对水平高低的重要指标。

这里的附加价值计算有以下两种方法。

（1）扣减法：从销售额中减去原材料等外部购入的由其他组织创造的价值，计算公式如下：

附加价值 = 销售额 − 当期进货成本 −（直接原材料 + 购入零配件 + 外包加工费 + 间接材料费 + 其他外部组织创造的价值）

（2）相加法：将形成附加价值的各项因素相加后得出，计算公式如下：

① 附加价值，是企业本身创造的价值，它是扣除外部购买材料或委托加工费用后，真正附加在企业上的价值。

附加价值＝利润＋人力成本＋财务费用＋租金＋折旧＋税收＋其他形成附加价值的各项费用

在劳动分配推算法中，人工成本、劳动分配率、附加价值等数据可以从经审计人员审计处理后的财务报表中获得。

4. 零基预算法

零基预算法，是一种完全从零或者是从最底部开始的，不考虑以前薪酬预算项目和费用的薪酬预算额推算方法。

在零基预算法下，先由各部门的管理者对本部门现有的每位员工及需要补充的员工在下年度的薪酬情况做出预算，然后加总得出整个部门的薪酬预算；最后，由各个部门的薪酬预算数据，汇总得出整个部门的薪酬预算结果。当然，这种薪酬预算额推算方法也有一定的优缺点。

（1）优点：应用过程更加灵活，可行性强。即通过该方法推算出的薪酬预算额更贴近实际情况，能够让中基层管理者认识到本部门的人员编制和聘用情况，更加关注员工态度、能力和绩效。

（2）缺点：整体的工作量较大，推算过程较复杂，耗时长，由于各部门管理者主观性影响及决策的短期性，使得最终汇总的薪酬预算额可能不够准确，与企业的战略不一致。

针对这些薪酬测算方法，企业可以根据自身的实际情况，以简单和适应企业薪酬管理为前提选择相应的年度薪酬测算方法。

8.3.2 薪酬预算的编制方法

在具体的薪酬编制环节，针对薪酬中固定部分、变化部分、不确定部分等不同成分，需要采用不同的方法进行预算编制。

1. 固定部分

在薪酬中，有一部分项目是不变或者不会减少的，例如，企业为员工缴纳的社会保险、住房公积金等，一般是逐年上调的；员工的基本工资等一般是不可以下降的。关于这些不变或者不会减少的薪酬部分的预算编制，要根据企业新一年的预计情况，按人编制，不受企业经营状况、业务规模变化等因素影响。

2. 变化部分

薪酬中一些项目，会随着企业的经营情况及效益高低而发生变化，例如奖金等。关于这些项目，在编制薪酬预算时，要根据企业的实际经营情况和对未来效益的预测进行确定。

3. 不确定部分

薪酬中还有一部分项目是不确定的，例如员工的离职补偿、工伤补助等。关于这些费用的预算编制，可以根据以往年度的数据进行类比预算。

利用这些方法，就可以编制出员工薪酬预算或者人工成本预算。表8-5是一般的员工薪酬预算表。

表8-5　薪酬（人工成本）预算表

项目	上年数	半年预算数	增减率	人员变化影响	
				增加 / 减少人数	增加 / 减少金额
一、经营指标					
（一）利润总额					
（二）营业收入					
二、人工成本					
（一）工资和奖金					

（续表）

项目	上年数	半年预算数	增减率	人员变化影响	
				增加 / 减少人数	增加 / 减少金额
1. 基本工资总额					
2. 绩效工资总额					
3. 奖金总额					
（二）福利					
1. 社会保险费用金额					
2. 自有福利					
其中：交通补贴					
餐饮补贴					
其他福利					
3. 住房费用					
其中：住房公积金					
企业住房补贴					
（三）职工教育经费					
培训费					
（其他人工成本）					
……					

8.4 根据企业战略需要，适时进行薪酬调整

在薪酬管理中，相关管理活动大多是基于企业的战略而制定和实施的，企业的薪酬预算也是如此。但由于薪酬预算的制定时间与执行时间会与企业战略目标之间存在一定的“时差”，所以，薪酬预算的确定，并不

能完全解决企业的薪酬管理问题。薪酬调整是非常普遍的，除了在薪酬预算环节进行薪酬调整之外，在企业的战略等发生变化时，同样需要对薪酬管理进行及时的调整。

8.4.1　薪酬调整的一些基本方法

就薪酬调整而言，一般分为薪酬结构调整和薪酬水平调整。薪酬结构调整，是对整个薪酬体系的重新设计和薪酬结构的变革；薪酬水平调整，是在保持薪酬结构不变的情况下，调整薪酬水平的高低。在企业中，常见的是针对薪酬水平的调整，可以使用的方法有以下几种。

1. 按绩效调整

按绩效调整是指根据员工的绩效水平调整员工的薪酬水平。如果是处于相同岗位、相同层级的员工，绩效水平越高，薪酬调整的额度或幅度就越大。

2. 按能力调整

按能力调整是指根据员工的能力测评结果调整员工的薪酬水平。如果是处于相同岗位、相同层级的员工，能力测评结果越高，薪酬调整的额度和幅度就会越大。

3. 按态度调整

按态度调整是指通过全方位评估或者企业上下级对员工工作积极性、主动性的评价，从而判断员工的工作态度优劣。如果是处于相同岗位、相同层级的员工，态度评分越高，薪酬调整的额度和幅度就会越大。

4. 等比例调整

等比例调整是企业全体员工在原工资基础上增长或降低相同比例的工资调整。在这种调整方法下，原工资基础高的员工薪酬调整幅度大于原工资基础低的员工。

5. 等额度调整

等额度调整是指不考虑员工原有工资的高低，对所有员工的工资进行相同额度的调整。在这种薪酬调整方式下，原工资基础高的员工对调薪的感觉较弱，原工资基础低的员工，对调薪的感觉较强。

8.4.2 年度薪酬的调整步骤

1. 收集调薪相关信息

在调薪前，薪酬管理人员要收集薪酬调整需要的各项相关信息，例如：竞争对手的薪酬情况、外部劳动力市场的薪酬水平等。

2. 拟定薪酬建议报告

整理汇总本次调薪的薪酬策略、总体调薪比例与金额及原因、调薪后将给公司带来的变化与影响、往期调薪情况及各方面的分析、本期调薪的具体实施方案与进度预期、需要的配合部门等，拟定调薪建议报告。

3. 开展薪酬相关沟通

为了让员工更好地理解和接受薪酬调整，薪酬管理人员要在薪酬调整工作实施前就薪酬调整方案的具体内容与员工沟通，或者直接在企业中公告薪酬调整方案相关内容，甚至与员工单独面谈。

4. 发放调薪确认信息

向企业各部门管理者发放薪酬确认信息，该确认信息包括以下内容：员工的基本信息（姓名、司龄、岗位、薪酬状况、历次调薪情况、历年绩效评价情况等），员工的本次调薪基本信息（岗位变化、调薪类别、调薪比例、调薪生效日等）。

5. 回收、检查、反复沟通

回收各部门的薪酬调整建议汇总表，该表格式见表 8-6。再对各部门的薪酬调整建议进行审核，剔除或者联系各部门负责人修改不符合公司整体薪酬理念和策略的薪酬调整建议。

表 8-6 薪酬调整建议汇总表

部门	岗位	职级	姓名	工号	当前薪酬	去年绩效评定结果	拟调薪比例	拟调薪金额	调整原因

在薪酬建议汇总表中，常见的问题有以下几种。

· 存在超出公司预算规定的调薪幅度或调薪金额的情况。

· 调薪建议没有反映出员工所担任职位的重要性。

· 调薪建议没有反映员工的绩效状况。

· 调薪建议过多考虑员工的司龄，而没有关注到员工的贡献。

· 调薪建议强调无差别的平均主义。

· 调薪建议没有考虑外部劳动力市场状况。

6. 相关领导审批核准

将前述薪酬调整流程形成书面报告（让审批人员知晓薪酬调整的整个过程），上交薪酬管理相关领导审核。

7. 档案更新制作通知

人力资源部根据领导审批过的薪酬调整方案更新员工的档案，并拟定薪酬调整的通知文件，告知员工。

8. 接受投诉、妥善处理

薪酬调整实施后，肯定会有员工对薪酬调整存在一定的疑虑甚至不满。因此，人力资源部要提前设置好员工投诉的方式，接收员工的投诉，及时、妥善处理相关事宜。

【HR 说】薪酬的有效支付原则

1. 及时性原则

在企业层面，薪酬是企业对员工的负债，是员工将自己的劳动提供给企业后，企业应支付给员工的劳动价格。国内企业大都实行月薪制，所以，企业必须按月将员工工资以银行转账的方式发放到员工的工资卡上。

2. 现金性原则

企业在向员工支付工资时，要以现金的形式支付，不可以用公司产品或其他物品甚至股价来代替现金向员工支付工资。

3. 足额性原则

向员工支付薪酬时，应当足额支付，不得以任何理由克扣员工的工资。当然，需要代扣代缴的社会保险、住房公积金及个人所得税除外。不过，当企业经营确实遇到困难，不能足额向员工支付薪酬时，应向员工说明，并在经营恢复正常时及时补足员工的工资。

4. 奖罚性原则

员工在公司的一些奖罚性行为（考勤、献言献策等）的结果，最终会体现在薪酬上。不过，在薪酬体现这些奖罚性结果前，企业需先向员工指明相应规则或约定。

5. 对应性原则

员工本人的工资，必须要支付到员工本人的账户中，不能随意支付给其他人，并留存好相关支付凭证。

6. 应急性原则

在一些紧急情况下，企业也可以本着人性化的原则向员工预付工资，以给员工提供帮助。

第9章

公式＋表格，高效统计薪酬各相关要素

在薪酬管理的实际操作中，为了提高工作效率，使用各种统计工具是必然的。就薪酬管理而言，最常用的工具是各类工资与奖金的计算方法，以及一些与日常薪酬管理工作相关的表格。正因为这些工具的存在，使薪酬管理工作更便捷，故薪酬管理人员需要熟悉这些薪酬管理工具的用途，以有效实施薪酬管理。

9.1 掌握各类工资的计算方法及依据

工资是法律规定的用人单位必须支付给劳动者的报酬。就员工工资而言，通常包含多项内容，例如，计时工资、计件工资、假期工资、加班工资等。这里，我们就来认识各项员工工资项目及其计算方法。

9.1.1 计时工资及其计算方法

1. 计时工资的基本内容

计时工资，是一种使用范围广泛、可以适用于任何岗位和任何组织的工资支付形式。计时工资在支付时，通常有三个依据，分别是：员工技术的熟练程度、劳动的繁重程度、工作时间的长短。

2. 计时工资的优缺点

采用计时工资时，也有一定的优缺点，见表9-1。

表9-1 计时工资的优缺点

	具体内容
优点	·工资形式较为简单，计算管理方便 ·能让员工的收入保持在一个相对稳定的水平，并有一定的保障性 ·强调员工的技能水平，能促进员工不断学习，提升自己的业务能力
缺点	对同岗位、同等级、同类型员工在同一工作时间的劳动成果差异反映不够明显，易造成平均主义，会在一定程度上影响员工的积极性

3. 计时工资的计算

计时工资的计算，与月薪制、周薪酬、日薪酬、小时工资制有关，每一种工资制度下的应发工资计算方法分别如下。

（1）月薪制下的应发工资计算公式为：

应发工资＝月标准工资－月标准工资换算的日工资×缺勤天数＋其他工资加项

或者：

应发工资＝月标准工资换算的日工资额×出勤天数＋其他工资加项

（2）周薪制下的应发工资计算公式为：

应发工资＝周标准工资－周标准工资换算的日工资额×缺勤天数＋其他工资加项

或者：

应发工资＝周标准工资换算的日工资额×出勤天数＋其他工资加项

（3）日薪制下的应发工资计算公式为：

应发工资＝日标准工资×出勤天数

（4）小时工资制下的应发工资计算公式：

应发工资 = 每小时标准工资 × 出勤小时数

9.1.2 计件工资的计算方法

1. 计件工资的基本内容

计件工资，是根据预先规定的员工完成每件合格品的单价和完成合格品的数量来确定与支付工资的形式。计件工资通常适用于产品的数量和质量与职工的努力程度挂钩的岗位。

2. 计件工资的优缺点

采用计件工资时，也面临一定的优缺点，见表 9-2。

表 9-2 计件工资的优缺点

	具体内容
优点	· 工资分配透明度高，物质激励作用更强 · 能很好地体现按劳分配原则 · 能促进员工不断提高效率，提升自己的生产熟练程度和技术水平
缺点	· 使用范围较窄，很多岗位不适用 · 不利于职工之间的相互协作 · 不利于新手的能力培养

3. 计件工资的计算方法

根据产品生产过程中参与人员的多少，计件工资的计算方法可以分为四种：个人计件工资的计算方法、团队计件工资的计算方法、集体计件工资的计算方法、混合计件工资的计算方法。

（1）个人计件工资的计算方法：适用于产品的整个生产过程都由员工一个人完成的情况，即产品的生产工艺简单。此时，个人应发工资的计算公式为：

应发工资＝（个人生产的合格品数量＋因原材料原因产生的不合格品数量[①]）×计件单价＋其他工资加项

（2）团队计件工资的计算方法：适用于产品的生产过程由多人完成的情况，即产品的生产工艺较为复杂。此时，个人应发工资的计算公式为：

应发工资＝个人日工资标准[②]×实际出勤天数×工资分配系数＋其他工资加项

式中：

工资分配系数＝团队实得计件工资总额÷团队应得标准工资总额

团队实得计件工资总额＝（团队生产的合格品数量＋因原材料原因产生的不合格品数量）×计件单价

团队应得标准工资总额＝∑（个人日工资标准×实际出勤天数）

（3）集体计件工资的计算方法：适用于产品生产活动是简单的重复性劳动，或者团队中工人的能力水平相差不大的情况，即默认每名员工的日工资标准是一样的。此时，个人应发工资的计算公式为：

---

① 在生产过程中，会因为原材料的问题产生一些不合格品，这种情况下应该按照预先规定的合格品单价向员工支付工资。不过，如果是由于员工自身失误造成的不合格品，则不支付计件工资。

② 由于每一位员工的知识总量、技能水平、熟练程度、经验层次，以及在团队生产中的分工不同等，使得员工的日工资标准有一定的差异。

应发工资＝个人实际出勤天数 × 工资分配系数＋其他工资加项

式中：

工资分配系数＝集体实得计件工资总额 ÷ 集体实际出勤天数

集体实得计件工资总额＝（集体生产的合格品数量＋因原材料原因产生的不合格品数量）× 计件单价

集体实际的出勤天数＝∑个人实际出勤天数

（4）混合计件工资的计算方法：适用于某些需要多人完成的产业或产品，并当产量在某个额度范围内时，产量与员工的能力及付出都相关，但当超出这个产量后，会出现产量的增加与员工能力的相关性开始减少，而与员工间的平等合作和付出的劳动时间的相关性较大的情况。此时，个人应发工资的计算公式为：

个人应发工资＝定额部分应发工资＋超额部分应发工资＋其他工资加项

式中：

定额部分应发工资＝个人日工资标准 × 个人实际出勤天数

超额部分应发工资＝个人实际出勤天数 × 超额部分工资分配系数

超额部分工资分配系数＝（集体实得计件工资总额－集体应得标准工资总额）÷ 集体实际出勤天数

9.1.3　假期工资的计算方法

1. 与员工相关的一些假期工资

员工在企业就职期间，既可以享受到一些特定的假期，同时还会因为自身的原因出现一些请假的情况。在假期期间，员工不需要提供正常的劳动时间。按照各种请假的类型，员工相关的假期有不同的划分，同时不同假期还对应不同的假期工资，如事假工资、病假工资、产假工资、工伤假工资、婚丧假与探亲假工资。

2. 各种假期工资的计算方法

（1）事假工资的计算方法：事假一般是以小时或天为计算单位。员工事假通常会有一定的工资扣减，扣减工资的标准在法律层面没有明确要求，一般由各用人单位根据规章制度而定。在实行标准计时工资制的企业中，员工当月事假扣除工资的计算公式为：

当月事假扣除工资 =（月标准工资 ÷ 当月应出勤天数）× 事假天数

（2）病假工资的计算方法：根据《企业职工患病或非因公负伤医疗期规定》的相关要求，结合员工实际参加工作的年限和在本单位工作的年限，给予员工 3 个月到 24 个月的医疗期。同时，在规定的医疗期，用人单位要根据有关规定，按不低于当地最低工资标准 80% 的相关要求，向员工支付病假工资或疾病救济费。

（3）产假工资的计算方法：《中华人民共和国劳动法》（以下简称《劳动法》）第六十条明确规定："女职工生育享受不少于 90 天的产假。"同时，《社会保险法》第五十四条中也有相关规定："用人单位已经缴纳生育保险费的，其职工享受生育保险待遇。"

生育保险待遇包括生育医疗费用和生育津贴。生育医疗费用有：生育的医疗费用、计划生育的医疗费用、法律法规规定的其他项目费用。享受生育津贴的情形有：女职工生育享受产假、享受计划生育手术休假、法律法规规定的其他情形，生育津贴按照职工所在单位上年度职工月平均工资计发，所需资金从生育保险基金中支付。

（4）工伤假工资的计算方法：根据《工伤保险条例》的相关规定，“职工因工作遭受事故伤害或者患职业病需要暂停工作接受工伤医疗的，在停工留薪期内，原工资福利待遇不变，由所在单位按月支付。”

（5）婚丧假与探亲假工资的计算方法：根据《劳动法》第五十一条的规定：“劳动者在法定休假日和婚丧假期间以及依法参加社会活动期间，用人单位应当依法支付工资。”因此，当员工正常休婚丧假时，应视同出勤正常计算工资，对于员工超出规定婚丧假时间标准的假期，一般按事假计算工资。

9.1.4　加班工资的计算方法

1. 加班工资计算的相关法律依据

员工加班工资的计算，按照《劳动法》第四十四条的相关规定向员工支付加班工资。

第四十四条　有下列情形之一的，用人单位应当按照下列标准支付高于劳动者正常工作时间工资的工资报酬：

（一）安排劳动者延长工作时间的，支付不低于工资的 150% 的工资报酬；

（二）休息日安排劳动者工作又不能安排补休的，支付不低于工资的 200% 的工资报酬；

（三）法定休假日安排劳动者工作的，支付不低于工资的 300% 的工资报酬。

2. 不同工资制度下的加班工资计算

在不同的工资制度下，加班工资的计算方法也是不同的。

（1）标准工时制下的加班工资计算方法为：

工作日加班工资＝月工资基数 ÷21.75 天 ÷8×150%× 加班小时数

双休日加班工资＝月工资基数 ÷21.75 天 ÷8×200%× 加班小时数

法定节假日加班工资＝月工资基数 ÷21.75 天 ÷8×300%× 加班小时数

（2）计件工资制下的加班工资计算方法为：

工作日加班计件单价＝标准单价 ×150%

双休日加班计件单价＝标准单价 ×200%

法定节假日计件单价＝标准单价 ×300%

（3）综合工时制下的加班工资计算方法。根据相关规定，按综合计算周期内总实际工作时间是否超过总法定标准工作时间来计算。同时延长工作时间的小时数平均每月不得超过 36 小时。具体加班工资计算公式如下：

加班工资＝月工资基数 ÷21.75 天 ÷8×150%× 超过标准工作时间的小时数＋月工资基数 ÷21.75 天 ÷8×300%× 法定休假日的工作小时数

（4）不定时工作制加班工资计算方法。实行不定时工作制的企业，可以在明确工作量的前提下自主安排工作、休息时间的“不定时工作制”

岗位，不需要支付加班费。如果用人单位在法定节假日安排员工工作的，按不低于本人标准工资 300% 支付加班工资。具体加班工资计算公式如下：

加班工资 = 月工资基数 ÷21.75 天 ÷8×300%× 法定休假日的加班小时数

9.2 奖金的测算与发放的注意事项

奖金作为员工薪酬中的重要部分，其测算与发放，也需要遵循一定的方法，并注意一些关键点，从而及时有效地发放到员工手中。

9.2.1 五步实现奖金测算

在向员工发放奖金（年终奖金、季度奖金、半年度奖金）之前，先要对奖金的额度进行测算，根据测算的奖金额度，通过合理的分配，奖金才会最终发放到员工手中。关于奖金的测算，主要有以下五步。

1. 确定奖金发放基数

奖金基数也就是奖金数量，是根据企业的整体经济效益而确定，一般有三种确定方法。

（1）以企业的利润为基数，提取一定的比例作为奖金基数。

（2）采用累进利润法来确定提取比例。即将企业利润划分为若干阶段，在不同的利润阶段采用不同的提取比例，利润越高，提取的比例也越高。

（3）采用利润率分段法确定利润提取比例。即规定若干利润率分段，利润率越高，表明公司盈利能力越强，相应地奖金提取比例也越高。

2. 确定奖金池的标准

奖金池是为了应对公司经营风险、保证员工收入的长期稳定性，而根据奖金发放基数确定的、保留有一定数目奖金的会计科目。我们通过年终奖奖金池的运行逻辑来对奖金池做更进一步的认识，见表9-3。

表9-3　年终奖奖金池的运行逻辑

关系	项目	第1年	第2年	第3年	第4年
	当期年终奖技术额度（万元）	100	120	35	50
+	期初奖金池余额（万元）	0	50	85	60
=	可付的奖金池余额（万元）	100	170	120	110
×	支付奖金的比例（%）	50%	50%	50%	50%
=	支付奖金的额度（万元）	50	85	60	55
	期末奖金池余额（万元）	50	85	60	55

当企业拥有奖金池时，即使企业在第3年和第4年经营遇到风险、奖金发放基数明显降低的情况下，依然可以使用以前年份纳入奖金池的奖金，在经营遇到风险的年份为员工发放较为可观的奖金，以实现对员工的激励。

3. 测算部门奖金分配系数

在从利润中提出奖金基数，以及结合奖金池确定好要支付的奖金数额后，就要根据部门划分来测算各部门的奖金分配系数，这主要分为三步。

（1）确定各部门的战略贡献系数。战略贡献系数指各部门对企业战略的共享程度，它是通过评价各部门对战略的贡献程度而得出的。一般来讲，企业各部门之间都是协作关系，因此战略贡献系数没有较明显的差异。

（2）设定各部门的绩效等级。这是根据年终各部门的绩效考核结果，将各部门的绩效等级分别对应不同的绩效系数。

（3）确定各部门战略贡献系数与绩效系数的权重。在大多数企业中，战略贡献系数与部门绩效系数的权重配置有三种形式：战略贡献系数权重为40%，业绩绩效系数权重为60%；战略贡献系数权重为50%，业绩绩效系数权重为50%；战略贡献系数权重为60%，业绩绩效系数权重为40%。

通过以上三步，就可以确定各部门的奖金分配系数为：

各部门奖金分配系数＝战略贡献系数 × 战略贡献权重＋部门绩效系数 × 部门绩效权重

4. 测算部门奖金分配总额

依据前一步的奖金分配系数，就可以计算各部门的奖金分配总额，具体分为两步。

（1）确定各部门的奖金标准基数：

部门奖金标准基数＝部门所有人员月基本工资之和 × 部门奖金分配系数

（2）确定部门实发奖金额：

部门实发奖金额＝公司奖金池的额度 × 部门奖金标准基数占比

式中：

部门奖金标准基数占比 = 部门奖金标准基数 ÷ 公司所有部门奖金标准基数之和 ×100%

5. 落实员工的岗位奖金分配

基于企业的绩效管理体系，计算员工个人的绩效考核。一般情况下，按照20%、70%、10%的比例来界定员工的绩效等级比例。例如，表9-4是某企业的岗位绩效考核等级划分。

表9-4 某企业岗位绩效考核等级比例的划分

岗位考核等级	岗位绩效系数	员工的绩效等级比例
超出期望（A）	1.4~1.5	20%
完成期望（B）	1.1~1.3	
基本完成（C）	1	70%
需努力（D）	0.7~0.9	10%
需改进（E）	0.5~0.6	

根据员工的岗位绩效系数与员工基本工资和部门的奖金额的关联度，可以得出员工个人的奖金额，计算过程为：

员工个人奖金标准基数 = 员工基本工资 × 岗位绩效系数

员工个人实发奖金额 = 部门奖金总额 × 员工个人奖金标准基数占比

式中：

员工个人奖金标准基数占比 = 员工个人奖金标准基数 ÷ 部门所有员工奖金标准基数之和 ×100%

9.2.2 奖金发放的注意事项

在测算员工奖金数额的过程中，还有一些需要注意的事项。例如，与员工自身利益关系密切的年终奖，在发放的过程中，需要注意以下四点。

1. 奖金发放时间

年终奖多在当年十二月底至次年一月之间发放。大多数企业根据当年的年终考核情况确定年终奖的数额，然后在年终总结结束后的一段时间内完成年终奖的发放。

2. 员工异动带来的奖金发放调整

年终奖是对员工当年劳动成果的奖励。为了避免员工异动给年终奖的发放带来困境，企业要根据员工异动，对年终奖的发放做出明确规定。

就员工异动而言，可以分为内部异动（晋升、降职、调岗）和外部异动（离职、辞退等）。内部异动员工的年终奖可以根据员工在不同岗位的年度考核结果之和确定；外部异动员工要根据当年员工的考核及出勤情况确定，不能一刀切地扣减掉外部异动员工的奖金，以防带来法律问题。

3. 员工申诉渠道与时间的提供

企业在计算出员工的年终考核情况及奖金情况后，为了避免年终考核和年终奖的计算出现错误，应公布员工考核的一些参照及计算依据，并留出 10~20 天让员工对其进行确认及申诉。

4. 年终奖发放相关决策方案的公开性

为了让员工了解年终考核的公平性，发挥年终奖应有的激励作用，企业要向全体员工公开年终奖的发放方案、计算过程及依据，公开透明地进行年终奖的发放，以避免员工之间产生猜疑等情形。

9.3 考勤管理相关记录表：计算薪酬的重要依据

员工的考勤管理相关工作一般由各部门负责记录与上报，在实践过程中，往往需要根据企业的相关考勤管理制度规定对员工的出勤情况进行管理。在每一个管理周期结束后，要将记录的员工考勤信息进行整理，结合发薪时间上报人力资源部负责人核查。

9.3.1 考勤管理的一些基本规定及相关工具

考勤管理中的一些基本规定，主要体现在以下方面。

1. 满勤天数规定

满勤天数指的是月度满勤天数，用于计算每月的工资，采用标准工时制度的企业，月度满勤天数的计算方法如下：

每月满勤天数 = 本月总天数 − 周六周日休假天数 − 法定休假日天数

全年满勤天数的计算公式如下：

全年满勤天数 = ∑每月满勤天数

2. 考勤打卡规定

目前，大部分企业通过安装考勤机或使用考勤软件实行打卡上下班制度。至于每天的打卡次数安排，可以根据企业的管理模式来确定是一天打卡两次（上午上班和下午下班各打卡一次），还是一天打卡四次（上午上班、中午下班、下午上班、下午下班各打卡一次）。

如果员工因为某特殊事项不能按时打卡或者打卡无效时，则需要提交未打卡说明。未打卡说明表的格式可参考表 9–5。

表 9–5　未打卡说明表

姓名		工号	
未打卡时间	年　月　日		
未打卡原因			
审批意见	直属领导	部门负责人	人力资源部

3. 加班补休规定

员工自愿加班的，在加班前需要先提交加班申请，注明加班的原因、内容、工作量、加班时长等项目。加班申请表的格式可参考表 9–6。

表 9–6　加班申请表

姓名		工号	
加班时间			
加班原因			
加班费用要求			
审批意见			
直属领导	部门负责人	人力资源部	分管副总经理

当员工申请加班得到批准后，加班期间的工作完成情况及工作质量由所在部门负责进行审核。加班申请表汇总至考勤统计人员处，按月报送至人力资源部。

针对员工的加班行为，除了可以向员工支付加班工资之外，还可以安排其补休，以弥补员工的加班劳动。员工如果放弃加班工资而需要补休时，可以提交补休申请表。补休申请表的格式可参考表9-7。

表9-7 补休申请表

姓名		工号	
补休加班时间段			
补休时间			
审批意见			
直属领导	部门负责人	人力资源部	分管副总经理

员工若是已享受了补休，那么考勤汇总人员可以在加班申请表上注明“已补休”字样。

4. 员工请假规定

员工如果需要在正常工作日休假（除公休假、法定假日外），则需要提交请假单。请假单一般是休假前提交，领导审批同意后，员工才可以休假。不过当员工因为一些特殊原因不能及时向企业提交请假申请单时，则需要通过电话等形式及时通知相关部门负责人，在休假结束后补交请假单。请假单的格式可参考表9-8。

表 9-8 员工请假单

请假人		工号	
请假类型	□事假 □婚假 □年休假 □探亲家 □丧假 □病假 □产假 □其他		
请假时间			
请假事由			
审批意见			
直属领导	部门负责人	分管副总	总经理

在员工的请假类型中，事假的请假因为请假天数的长短对审批权限会有一定的要求，例如在一些公司中，会要求“请假 1~2 天，由部门负责人审批；请假 3~7 天的，由分管副总审批；请假超过 7 天的，由总经理审批。”各企业可以依据自己的审批权限划分，来对事假请假天数的相关审批权限做出说明。

5. 员工外出规定

员工外出可以分为两种情况，一种是员工短时间的外出办公，一种是较长时间的员工出差。

（1）员工短时间的外出，要填写外出人员登记表，写明外出日期及时间段、外出事由，由直属领导同意后即可执行。外出人员登记表的格式可参考表 9-9。

表 9-9 员工外出登记表

日期	工号	姓名	外出事由	外出时间段	预计返回时间	实际返回时间	直属领导审批	考勤管理者核准

当员工在外不能及时提交外出登记表时，可及时向直属领导请示，以免后续考勤出现问题。

（2）员工因工作原因需要出差时，也要提前提交出差申请单，填写出差事由、出差期限、途经城市等。出差申请表的格式可参考表 9-10。

表 9-10　员工出差申请表

出差人			
出差事由			
出差地点			
行程安排			
起止日期			
预计费用			
交通费	住宿费	伙食费	其他费用
审批意见			
直属领导	部门负责人	分管副总	总经理

出差申请表是员工考勤记录和出差费用报销的重要依据，员工要加以重视。如果员工因为一些特殊的、紧急的情况不能及时办理出差申请审批手续，则应在出差前及时向相关领导请示，请他人代为办理，或出差结束后补办。

6. 员工迟到、早退及旷工的相关规定

（1）员工迟到或早退，是一种违反劳动纪律的较轻行为，是员工不履行劳动义务和基本职责的行为，应该给予员工适当的负激励，例如根据迟到或早退的时间要求扣减一定数额的工资等。此外，针对员工的迟到或早退行为，还可以采用以下对策。

①公司内部通报批评并公示。

②扣减绩效考核分或日常行为分。

③与年终奖的数额挂钩。

④与优秀员工的评选挂钩。

⑤与员工的福利待遇挂钩。

⑥与员工的晋升或降职挂钩。

（2）旷工指员工迟到或早退超过一定的时间范围后，则可以视为旷工。此外，员工的请假、调休、出差、补休等行为如果没有获得领导的同意，员工擅自离岗的，同样可以视为旷工。

针对员工的旷工行为，部门负责人要第一时间通知人力资源部，人力资源部会根据公司的相关制度或劳动纪律要求，在员工旷工达到一定天数时发放恢复上班通知函或解除劳动关系函。

一些大型企业往往采用办公自动化系统，与考勤管理相关的表单都可以直接在系统中生成，并可以在线提交审批，能简化员工及考勤管理人员的工作。

9.3.2 考勤汇总记录及核查

人力资源部对员工的考勤情况进行汇总记录，并结合发薪时间核查相关考勤事项。

1. 考勤记录汇总

考勤管理人员一般会在月底时将员工的考勤数据从考勤机中导出，然后合并、统计、校对、核准打印，让员工签字确认。员工核准后的考勤资料是计算员工工资的重要依据，员工考勤汇总统计表的格式可参考表 9-11。

表 9-11　员工考勤汇总统计表

工号	姓名	应出勤天数	加班天数	迟到早退次数	事假天数	婚丧假天数	探亲假天数	病假天数	工伤假天数	产假天数	旷工天数

在考勤管理的过程中，为了最大限度地保证考勤数据的真实性，实施打卡考勤的用人单位，一定要确保每一位员工都有一个 ID，同时考勤管理者还要注意以下事项。

（1）是否存在员工故意迟到不打卡的情况。

（2）考勤机是否出现故障，员工实际已打卡但考勤机未记录。

（3）对于使用卡片或芯片打卡的考勤机，是否存在代打卡的现象。

（4）对于实行人脸识别打卡的考勤机，是否存在人脸误判的情况。

（5）是否存在员工本人正常打卡，但打卡后实际缺岗的情况。

关于员工的考勤记录，人力资源部要以部门为单位每月整理归档，并妥善保存。一般情况下，考勤材料的保存年限至少要达到三年，这能够为劳动纠纷风险提供一些证据支持。

2. 结合发薪时间核查考勤

考勤是与员工工资挂钩的，企业一般是结合发薪时间对考勤记录进行核查。例如，某企业结合发薪时间对考勤所做的核查情况见表 9-12。

表 9-12　某企业结合发薪时间进行的考勤核查

时间段	工作内容
每月底最后一个工作日	各部门开始统计员工的出勤情况，核查考勤问题
次月 3 日前	各部门将核准后员工签字的考勤原始记录报送到人力资源部
次月 5 日前	人力资源部实施考勤的核查或抽查工作
次月 8 日前	人力资源部完成薪酬核算并报送财务部审查
次月 10 日	财务部完成薪酬审查工作后发工资
次月 15 日前	人力资源部将所有考勤和薪酬文件存档

这里需要注意的是，员工考勤表一定要员工本人确认签字，不可以不签字，也不可以由他人代为签字。此外，如果考勤过程中出现异常，要及时上报，不需要等到月底。

9.4　不同项目的个人所得税计算依据

按照《中华人民共和国个人所得税法》的规定，个人所得项目有：工资、薪金所得，劳务报酬所得，稿酬所得，特许权使用费所得，经营所得，利息、股息、红利所得，财产租赁所得，财产转让所得，偶然所得，都需要缴纳个人所得税。在企业中，与人力资源管理相关的个人所得税计算主要表现在员工每月发放的工资、劳务人员的报酬，以及个人年终奖方面。

9.4.1 工资个人所得税的计算

根据当前个人所得税的征缴规定，正式员工每月的工资收入，个人所得税的起征点是5000元。不过在计算员工的个人所得税时，可以扣除“三险一金”（基本养老保险、基本医疗保险、失业保险的个人应缴部分）和6项专项扣除，这6项专项扣除分别是子女教育、继续教育、大病医疗、住房贷款利息、住房租金、赡养老人。

所以，在工资方面，员工的个人所得税计算如下：

应纳税所得额 = 月度收入 −5000 元（起征点）− 三险一金扣除 − 专项附加扣除 − 依法确定的其他扣除

应纳个人所得税 = 应纳税所得额 × 税率

这里，我们对专项扣除的具体内容进行介绍。

（1）子女教育：纳税人的子女接受全日制学历教育的相关支出，按照每个子女每月1000元的标准定额扣除。

（2）继续教育：纳税人在中国境内接受学历（学位）继续教育的支出，在学历（学位）教育期间按照每月400元定额扣除。同一学历（学位）继续教育的扣除期限不能超过48个月。纳税人接受技能人员职业资格继续教育、专业技术人员职业资格继续教育的支出，在取得相关证书的当年，按照3600元定额扣除。

（3）大病医疗：在一个纳税年度内，纳税人发生的与基本医保相关的医药费用支出，扣除医保报销后个人负担（指医保目录范围内的自付部分）累计超过15000元的部分，由纳税人在办理年度汇算清缴时，在80000元限额内据实扣除。

（4）住房贷款利息：纳税人本人或者配偶单独或者共同使用商业银行或者住房公积金个人住房贷款为本人或配偶购买中国境内住房，发生的首套住房贷款利息支出，在实际发生贷款利息的年度，按照每月 1000 元的标准定额扣除，扣除期限最长不超过 240 个月。纳税人只能享受一次首套住房贷款的利息扣除。

（5）住房租金：纳税人在主要工作城市没有自有住房而发生的住房租金支出，可以根据所在城市的级别划分按照 1500 元、1100 元、800 元的标准定额扣除。

（6）赡养老人：纳税人赡养一位及以上 60 周岁及以上老人，每月可扣除 2000 元，如果纳税人不是独生子女，共同赡养老人，则按子女数平均扣除。

9.4.2 劳务报酬个人所得税的计算

企业可能会在一些岗位采用一些临时性工作人员，那么针对这些人员，企业一般按劳务报酬的形式向员工发放工资，同时还会代扣代缴劳务报酬的个人所得税。

劳务报酬的个人所得税，起征点是 800 元。以 4000 元为分段，对每次收入不超过 4000 元的，减除费用 800 元后的部分为应纳税所得额；4000 元以上的，减除 20% 的费用，剩余部分为应纳税所得额。

劳务报酬个人所得税的适用税率见表 9-13。

表 9-13 劳务报酬个人所得税适用税率

应纳税所得额	税率	速算扣除数
应纳税所得额≤ 20000 元	20%	0

（续表）

应纳税所得额	税率	速算扣除数
20000 元＜应纳税所得额≤ 50000 元	30%	2000
应纳税所得额＞ 50000 元	40%	7000

（1）4000 元及以下的劳务报酬所得税：

劳务报酬所得税 =（劳务报酬收入 −800）×20%

（2）4000 元以上的劳务报酬所得税：

劳务报酬所得税 = 劳务报酬收入 ×（1−20%）× 适用税率 − 速算扣除数

9.4.3 年终奖个人所得税的计算

员工的年终奖应纳税额的计算，有两种计算方法，分别如下。

1. 不并入当年综合所得

以全年一次性奖金收入除以 12 个月得到的数额，根据按月换算后的综合所得税率表（月度税率表），确定适用税率和速算扣除数，单独计算纳税。计算公式为：

应纳税额＝全年一次性奖金收入 × 适用税率 − 速算扣除数

例如，某员工 202× 年每月工资扣除三险一金（1000 元）后的工资收入为7000元，专项扣除项目1000元，再无其他可扣减项目。该员工202×年12月获得30000元的一次性年终奖。这笔年终奖单独计税的话，计算过程如下。

（1）将全年一次性奖金除以12个月，即30000÷12=2500元。

（2）查找税率，参照按月换算后的综合所得税率表（见表9-14），2500元对应的税率是3%，速算扣除数为0，那么这30000元的全年一次性奖金的应纳税额为：30000×3%=900元。

表9-14　按月换算后的综合所得税率表

全月应纳税所得额	税率	速算扣除数
应纳税所得额≤3000元	3%	0
3000元＜应纳税所得额≤12000元	10%	210元
12000元＜应纳税所得额≤25000元	20%	1410元
25000元＜应纳税所得额≤35000元	25%	2660元
35000元＜应纳税所得额≤55000元	30%	4410元
55000元＜应纳税所得额≤80000元	35%	7160元
80000元＜应纳税所得额	45%	15160元

那么该员工12月应纳税合计为：（7000−5000−1000）×3%+900=930元。

2. 并入当年综合所得计算纳税

并入后的年度综合所得＝累计收入－累计免税收入－累计减除费用－累计专项扣除－累计专项附加扣除－累计依法确定的其他扣除

全年合计应缴纳个人所得税 = 并入后的年度综合所得 × 适用税率 − 速算扣除数

我们依然采用上例中某员工的收入数据，计算其一次性年终奖纳入到年综合所得后，应当缴纳的个人所得税。

（1）计算该员工全年的综合所得为：（7000 × 12+30000）−5000 × 12−0−1000 × 12−0−0−0=42000 元。

（2）根据全年综合个人所得税税率表（见表 9−15），可知 42000 元对应的税率为 10%，那么该员工 202 × 年全年应纳税额为：42000 × 10%−2520=1680 元。

表 9−15　全年综合个人所得税税率

全年应纳税所得额	税率	速算扣除数
应纳税所得额≤ 36000 元	3%	0
36000 元 < 应纳税所得额≤ 144000 元	10%	2520 元
144000 元 < 应纳税所得额≤ 300000 元	20%	16920 元
300000 元 < 应纳税所得额≤ 420000 元	25%	31920 元
420000 元 < 应纳税所得额≤ 660000 元	30%	52920 元
660000 元 < 应纳税所得额≤ 960000 元	35%	85920 元
960000 元 < 应纳税所得额	45%	181920 元

9.5 员工考核结果的分类、统计与管理

考核结果与员工工资息息相关。员工考核结果有不同的类型，通过对员工考核结果的统计及管理，能将员工的考核结果有效地应用到实际的薪酬管理当中。

9.5.1 员工考核结果的分类

在实际管理中，员工的考核结果可以分为以下几类。

1. 得分式考核结果

得分式考核结果就是根据员工的综合表现，给员工一个综合得分。一般企业会采用基准为百分制的考核：完成任务时，综合得分为100分；超额完成任务时，综合得分高于100分；未完成任务时，综合得分低于100分。

2. 等级化的考核结果

等级化的考核结果是用一连串的等级序列表示的考核结果。例如，常见的“优、良、中、可、差”五等级划分，也可以采用“A、B、C、D、E”来表示员工的考核结果等级，这两种表示方法的实质是一样的。当然，也有直接用数字表示考核结果的等级，例如“一、二、三、四、五”。

员工的考核等级，可以直接评定，也可以根据考核得分确定。

3. 业绩式的考核结果

业绩式的考核结果就是直接根据员工的业绩好坏或者高低来表示其

考核结果。例如，大多数销售岗位，就是直接根据员工业绩情况，来反映其考核结果。业绩越好或者越高的员工，往往对应着更高的薪酬；反之，员工业绩表现不佳，则薪酬方面就会表现得更低一些。

4. 通过式的考核结果

通过式的考核结果主要是对一些特殊员工考核情况的反映。例如，试用期的员工，其转正的前提就是考核通过。通过式考核只有两种形式：通过与不通过。在通过式考核结果下，员工通过相应的考核就可以享受到对应的工资、福利等薪酬。

9.5.2 员工考核结果的统计

员工的考核结果对员工和企业来说是非常重要的资料，企业要妥善统计和保管。人力资源部负责收集各部门管理者对员工的考核结果，并汇总留存在人力资源部。在收集考核结果时，人力资源部相关工作人员要注意以下几点。

1. 考核结果要有考核人的签字

员工的考核结果，只有在考核人确认签字后，才会具有效力，才能用在薪酬额度的确定中。

2. 考核结果应该是清晰的

无论企业采用哪种形式进行员工考核，或者用哪种方式表示员工的考核结果，都必须是清晰的，能够直接确定的，不能带有限制条件。

3. 考核结果要有申诉渠道

员工对于自己的考核结果，如果存在与实际不符等情况时，可以向考核人员提出意见，也就是要保证员工申诉渠道的存在和畅通，让员工可以按照正常的申诉程序进行申诉。如果员工的申诉意见还未出具，人力资源部可以按暂定的考核结果核算员工工资。

4. 灵活应对考核结果未提交的情况

在工资的核算周期内，人力资源部可能会遇到员工考核结果没有及时提交的情况，此时可采取的措施有两种。

（1）暂不发放员工绩效工资，待考核结果产生后，在下月补发。

（2）暂按员工绩效工资的一定比例（例如50%）发放，待考核结果产生后，在下月多退少补。

9.5.3 员工考核结果与工资的关系

通过客观公正的员工工作评价，能得出更加有效的员工考核结果。有了员工考核结果，就能进行员工绩效薪酬核定。相似岗位上的员工，考核结果越好，员工的薪酬水平就会越高。当员工考核结果提升时，其会享有更高水平的奖励，这样员工感知到的激励作用会更加明显。当然，如果员工考核结果下滑，就会面临一定的处罚，这同样能对员工起到一定的刺激作用，让其可以更加努力地提升业绩水平。

在员工考核结果与工资挂钩的情况下，不同形式的员工考核结果与工资的关系分别如下。

1. 得分式考核结果对应的员工工资

（1）考核得分以满分为基数与工资挂钩，计算公式如下：

$$绩效工资 = 绩效工资基数 \times 考核得分 \div 满分$$

例如，某岗位的员工考核满分为100分，绩效工资基数是10000元。当某员工得分为98分时，绩效工资 =10000×98÷100=9800元。

（2）考核得分为以基准分为基数与工资挂钩，计算公式如下：

$$绩效工资 = 绩效工资基数 \times（考核得分 \div 基准分）$$

例如，某岗位的员工考核的基准分为100分，满分是120分，绩效工资基数是10000元。当某员工考核得分为110分时绩效工资 =10000×（110÷100）=11000元。

2. 等级化考核结果对应的员工工资

（1）根据考核结果的等级，把工资划分为一定数量的等级，员工绩效达到某一考核结果等级时，就享受该等级对应的工资。

（2）设计一个绩效系数来与绩效工资挂钩，计算公式如下：

$$绩效工资 = 绩效工资基数 \times 绩效系数$$

3. 业绩式考核结果对应的员工工资

业绩式考核结果与工资对应关系有三种，分别是业绩结果与工资呈等比例关系（提成比例保持不变）、业绩结果与工资呈递增关系（提成比例随业绩的增长而增长）、业绩结果与工资呈递减式关系（提成比例随业绩增长呈递减式关系）。这三种关系都可以表示为：

$$业绩工资 = 绩效水平 \times 提成比例$$

4. 通过式考核结果对应的员工工资

在通过式员工考核结果下，员工只要通过考核，就可以享受与正式员工一样的标准工资。

【HR 说】考勤管理中的那些症结处理

1. 上班提前打卡与下班推迟打卡能否算作是加班

一般说来，员工是否加班要根据相关领导的加班申请审批单决定。如果员工提前打卡上班或延迟打卡下班的行为是员工自行决定的，并不是公司要求的，那么员工在正常工作时间之外的工作就不能算是加班，只有员工与用人单位共同协商、达成一致的加班行为，才算是正常的加班。

2. 加班和值班的区分

加班指经公司要求或员工申请，在正常的工作时间之外（标准工时以外、公休日、法定节假日）继续从事本职工作的行为。加班工资一般按小时或天计算，员工的加班工资受法律保护。

值班指组织根据消防、安全等需求安排员工参与的与本职工作没有过多关联的、非生产性的工作（巡逻、看门等），或者是与本职工作有一定联系，但员工在此期间可以休息的工作。关于值班费的计算，并没有明确的法律规定，一般根据组织自身情况决定。

3. 员工对考勤结果的异议如何传递

当员工在某些时候对考勤结果存在异议，那么人力资源部要提供相应的考勤相关异议的反馈渠道，以便员工传递自己的异议。这样就可以避免一些单纯由考勤数据造成的不公平、不公正、死板教条现象的出现。

4. 领导不打卡怎么办

这就需要向高层领导者反馈，由他们出面强调企业的考勤制度，这样，企业的考勤制度才能公平对待每一位员工。

第10章

编制工资表，按工作流程落实薪酬发放

工资是员工依法获得的报酬。针对员工的工资，企业通常用编制工资表的形式加以反映。通过编制工资表，能清晰展示工资所包含的各个项目，同时还能对工资进行有效管理。在编制工资表的过程中，除了可以利用一些有效的方法之外，还要遵循一定的标准，这样才可以得出一份满意的工资表，有效落实员工的工资发放。

10.1 工资表和工资条的编制与发放流程

在了解工资表各项目的基础上，通过查阅薪酬、考核、考勤、奖惩等制度及相关规定、通知等，就可以编制出员工的工资表。薪酬专员负责编制员工的工资表，其他有关部门及人员协助提供必要的信息。工资表编制完成后，需要由薪酬主管或相关薪酬管理人员进行核对，并经由管理层审批后，由财务部门向员工发放工资。工资发放后，还需要由人力资源部门制作或由软件自动生成员工的工资条。工资条可以使用邮件等线上形式发放，也可以使用纸质形式发放。

10.1.1 工资表的编制与工资发放流程

1. 开立员工工资银行账号

当新员工入职企业时，会由财务部门统一委托银行开具工资账户，为员工办理领取工资的银行卡，或者由员工个人提供指定银行的借记卡，再由薪酬专员将员工银行卡账号存入档案，会计人员将员工的银行卡账号录入员工工资卡台账中。

2. 编制工资表的程序

薪酬人员编制工资表时，需要各部门提供相应的信息，具体的配合情况如图 10-1 所示。

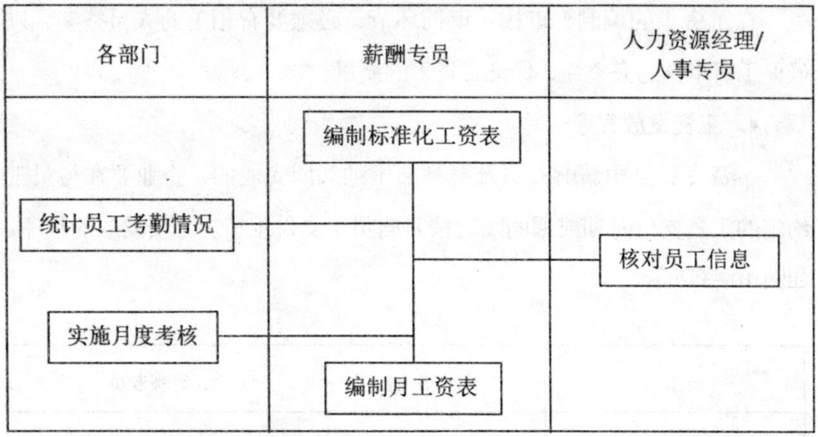

图 10-1　工资表的编制

3. 工资表审核程序

工资表的审核应该由谁来做，因企业规模及管理风格的不同而不同。在中小企业，一般由总经理签字批准后发放；在大型企业，一般由分管人力资源的副总经理签字批准后发放。

工资表的审核，一般要经过三个环节：编制、审核、审批，即要经过两道审核环节才会发放工资。具体的工资表审核程序，如图 10-2 所示。

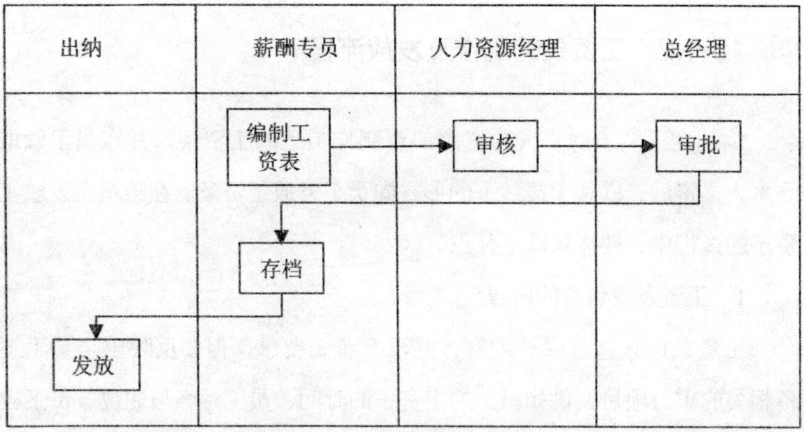

图 10-2　工资表审核程序

在工资表的编制、审核、审批环节，必须要有相关的人员签字，以确保工资审核的完整性，保证工资表的质量。

4. 工资发放程序

工资发放是由薪酬专员及财务部出纳共同完成的，企业要在与员工约定的工资支付时期或期间及时按月向员工支付工资。工资发放的程序，如图 10-3 所示。

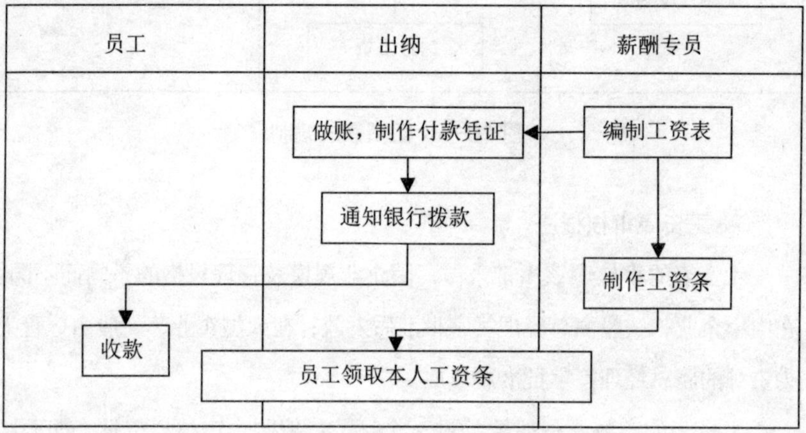

图 10-3　工资发放程序

10.1.2　工资条的制作及发放流程

编制完工资表后，人力资源部要制作员工的工资条，并在员工领取到本人工资后，以线上或线下的形式向员工发放工资条。在给员工发放工资条的过程中，要注意以下几点。

1. 工资条应包含的内容

工资条应该包含哪些内容，并没有统一要求，但要反映出与员工工资相关的重点项目，例如员工的工资条的时间、员工姓名与职位、员工应发工资数与实发工资数、工资结构中的一些项目。例如，表 10-1 是一种常见的工资条样式。

表 10-1　常见的工资条样式

部门	姓名	职位	基本工资	司龄工资	缺勤扣款	绩效工资	加班工资	餐饮补贴	交通补贴	基本养老保险	基本医疗保险	失业保险	住房公积金	税前应发	个人所得税	实发工资

2. 较为复杂的工资条

一般企业的工资条设计，都比较简洁，将与员工薪酬相关的一些重点项目在工资条中进行展示，其余一些项目会被省略。但在一些企业中，工资条会编制得较为复杂，因而可以反映出更丰富的内容。

10.2　分步简化编制，制作标准工资表

在工资表的实际编制过程中，为了让薪酬核定过程少出错或不出错，需要对工资表的内容进行简化。这能够让看似复杂的工资表编制工作更加简单化。

10.2.1　认识简化后的工资表

简化后的工资表，各项目看起来会更加分明，能将工资表的逻辑展示得更加清晰，见表 10-2。

表 10-2　简化后的工资表

序号	部门	姓名	岗位	应发工资	五险一金个人缴纳	其他扣款	税前应发	个人所得税	实发数工资
1			总经理						
2			总会计师						
3			副总经理						
4			总工程师						
5	办公室		办公室主任						
6	办公室		办公室副主任						
7	财务部		财务部经理						
8	财务部		成本会计						
9	财务部		资金会计						
10	财务部		出纳						
11	人力资源部		人力资源部经理						
12	人力资源部		人事主管						
13	人力资源部		人事专员						
14	技术部		技术部经理						
15	技术部		技术员						
……	……	……	……						
合计									

在简化后的工资表中，各项目主要分为三大类，分别是收入、扣除、发放，这三大类之间的关系是：收入 - 扣除 = 发放。在实际的薪酬管理中，如果可以将各类收入进行有效、准确的归纳，那么对编制简化的工资

表是非常有帮助的。当然，如果可以将员工工资核算相关的重要文件编辑到一起，同样能为编制工资表提供重要的参考。

关于简化后工资表中的各项目及核算数据的获取途径，见表 10-3。

表 10-3　工资表各项目及核算方式获取途径

<table>
<tr><th>工资项目</th><th>细分项目</th><th colspan="2">决定因素</th><th>基数获取渠道</th></tr>
<tr><td rowspan="15">收入</td><td rowspan="2">基本工资</td><td colspan="2">最低工资标准</td><td>当地人力资源和社保局网站</td></tr>
<tr><td>最低工资倍数</td><td>员工岗位级别</td><td>薪酬制度</td></tr>
<tr><td rowspan="2">司龄工资</td><td colspan="2">入职时间</td><td>员工花名册</td></tr>
<tr><td colspan="2">每年标准</td><td>薪酬制度</td></tr>
<tr><td rowspan="5">绩效工资</td><td colspan="2">绩效工资基数</td><td>薪酬制度</td></tr>
<tr><td rowspan="2">部门考核系数</td><td>考核得分</td><td>考核专员或部门经理考核表</td></tr>
<tr><td>考核评级标准</td><td>考核制度</td></tr>
<tr><td rowspan="2">员工考核系数</td><td>考核得分</td><td>考核专员或部门经理考核表</td></tr>
<tr><td>考核评级标准</td><td>考核制度</td></tr>
<tr><td rowspan="2">加班工资</td><td colspan="2">加班天数</td><td>考勤表</td></tr>
<tr><td colspan="2">加班工资基数</td><td>薪酬制度</td></tr>
<tr><td rowspan="4">各项补贴</td><td rowspan="2">餐饮补贴</td><td>员工出勤天数</td><td>考勤表</td></tr>
<tr><td>补贴标准</td><td>薪酬制度</td></tr>
<tr><td rowspan="2">交通补贴</td><td>员工出勤天数</td><td>考勤表</td></tr>
<tr><td>补贴标准</td><td>薪酬制度</td></tr>
<tr><td>扣除</td><td>缺勤扣款</td><td colspan="2">工资基数</td><td>薪酬制度</td></tr>
<tr><td colspan="4">缺勤天数</td><td>考勤表</td></tr>
<tr><td></td><td>其他扣款</td><td colspan="2">—</td><td>相关通知及材料</td></tr>
<tr><td></td><td>五险一金</td><td colspan="2">—</td><td>当地人力资源和社会保障局、当地住房公积金管理中心</td></tr>
</table>

（续表）

工资项目	细分项目	决定因素	基数获取渠道
	个人所得税	应发工资	工资表核算
		个税免征额	个人所得税法
		缴费比例	个人所得税法
发放	实发工资	—	—

通过认识简化工资表，我们能更加明确工资表的结构，有效掌握各工资项目对应信息的收集渠道。

10.2.2 标准状态的工资表制作

在工资表的制作过程中，先制定一张标准状态的工资表，也就是进行工资表中项目的标准化，即不考虑缺勤、加班、扣款、考核结果等因素来制作工资表。

标准化工资表的制作，是以绝大多数员工可以开展工作为前提。在制作标准化工资表时，主要对以下数据进行调整。

· 缺勤天数全部调整为 0。

· 部门考核系数和个人考核系数全部调整为 1。

· 各项补贴按标准定额发放。

· 加班工资全部调整为 0。

· 其他扣款调整为 0。

依据这些工资表的标准化制作原则，就能得出标准化后的工资表。例如，表 10-4 是制作标准化工资表时，对缺勤扣款、加班工资、各项补贴、其他扣款做的标准化处理。

表 10-4　制作工资表时的标准化处理

序号	部门	姓名	岗位	基本工资	司龄工资	缺勤扣款	绩效工资	加班工资	各项补贴合计	应发工资合计	基本养老保险	基本医疗保险	失业保险	住房公积金	其他扣款	税前应发	个人所得税	实发数
1			总经理			0.00		0.00	**.00						0.00			
2			总会计师			0.00		0.00	**.00						0.00			
3			副总经理			0.00		0.00	**.00						0.00			
4			总工程师			0.00		0.00	**.00						0.00			
5	办公室		办公室主任			0.00		0.00	**.00						0.00			
6	办公室		办公室副主任			0.00		0.00	**.00						0.00			
7	财务部		财务部经理			0.00		0.00	**.00						0.00			
8	财务部		成本会计			0.00		0.00	**.00						0.00			
9	财务部		资金会计			0.00		0.00	**.00						0.00			
10	财务部		出纳			0.00		0.00	**.00						0.00			
11	人力资源部		人力资源部经理			0.00		0.00	**.00						0.00			
12	人力资源部		人事主管			0.00		0.00	**.00						0.00			
13	人力资源部		人事专员			0.00		0.00	**.00						0.00			
14	技术部		技术部经理			0.00		0.00	**.00						0.00			
15	技术部		技术员			0.00		0.00	**.00						0.00			
……	……	……	……															
合计																		

薪酬专员每月在编制工资表时，都需要有制作标准工资表这一步骤。因为在面对诸多数据时，人们会过多地关注变动的指标，这很容易导致数据统一出现问题。因此，先将变动的数据做标准化处理，保持不变，在其他数值确定后，再对其进行修改，以减少薪酬核算过程中的错误，做到逐人核对。

10.3 收集相关信息，完善工资表编制

在标准化的工资表制作完成后，就要收集工资表中变动项目对应的信息，并依据这些信息来进行工资表相关数据的调整，以此来完善工资表的编制。

10.3.1 收集工资表相关的变动信息

针对工资表中的变动项目，信息收集的渠道主要有以下几个。

1. 上月薪资变动单

薪资变动单是编制工资表的重要依据。在薪资变动单中，列示了一些特殊项目的变化，同时还列明了变化的备注信息。薪资变动单，不仅可以用在当月的工资表制定中，同时还对后期的工资表编制具有一定的参考价值。例如，对于新入职的员工，如果当前月这些员工处于试用期（试用期为 2 个月），那么在试用期的这 2 个月中，薪资单中就要注明这些员工处于试用期，工资核算要按 80% 的标准发放；2 个月后，试用期结束，员工转正，薪资变动单中就要注明这些员工试用期结束，工资按正式工标准发放。所以新薪资变动单中记载的这些项目，在核算员工工资及编制工资

表方面具有重要作用。

2. 本月员工花名册或人事月报

员工花名册能为薪酬专员提供有效的员工异动信息。而人力资源月报，能对企业的岗位变化及其计薪标准变化进行清晰的展示，这能为薪酬专员核算工资提供必要的信息。

3. 考勤表

考勤表是核算员工出勤天数，确认员工缺勤、加班、值班、事假、病假、带薪假等的重要依据。根据员工的考勤记录，薪酬专员要依据各项法律要求及规章制度来确定与员工考勤相关的各项工资。

4. 考核结果

考核结果决定员工的绩效工资。在编制工资表时，薪酬专员要与其他部门或其他同事进行沟通，确保收集的员工考核结果准确可靠。薪酬专员收集的员工考核结果主要有：各部门员工考核表、各部门考核结果表、企业领导考核结果。

5. 其他与薪酬相关的通知、要求等

其他与薪酬相关的通知、要求等主要指一些体现在薪酬表中的非常规项目，例如员工偶尔出现的违纪处罚对应的工资扣减。

10.3.2 完善工资表的编制程序

在了解了工资表的相关内容、信息获取途径等后，就要按照一定的程序，在标准工资表的基础上，完善工资表编制，这主要分为以下几步。

1. 先列后行，完善工资表

工资表的填写，应该按先列后行的顺序进行。也就是先填写部门、姓名、岗位这些列，再填写与薪酬相关的各项内容。

在按先列后行的顺序填写薪酬相关信息时，除了要填写薪酬项目，还要填写一些薪酬的构成数据信息。例如考勤扣款，就要填写当月的应出勤天数、实际出勤天数和缺勤天数，并将“基本工资＋司龄工资”作为缺勤扣款的基数，计算公式如下：

缺勤扣款＝工资基数÷21.75天×缺勤天数＝（基本工资＋司龄工资）÷21.75天×（应出勤天数－实际出勤天数）

在不同的企业中，工资基数的构成要素不同，企业根据自身的实际情况进行计算即可。

2. 同步填写薪资变动单

薪酬专员在填写工资表的同时，还要填写薪资变动单，对本月的变化情况、常规项目、工资总额及人均工资进行反映，主要有以下几点。

（1）与工资计算标准变化相关的内容，例如，当地最低工资标准的变化、薪酬制度调整等。

（2）员工个人信息变化记录，例如员工所在部门、岗位、入职、转正、离职等。

（3）员工加班、考核信息的列示，工资核算时特殊情况的说明。

（4）额外的补贴、奖惩等。

（5）当月工资整体调整的信息。

10.3.3 按照程序，核对工资表中的重要信息

工资表中包含了诸多信息，为了确保各项信息的准确性，在编制完成后，还要按以下程序进行核对，如图 10-4 所示。

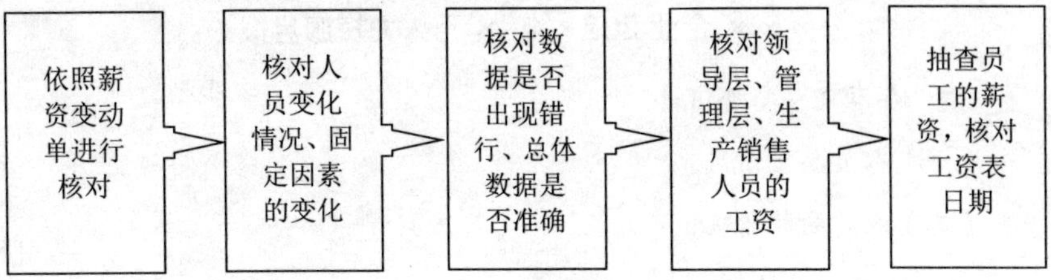

图 10-4　工资表的核对程序

人力资源经理或人事专员，应按照程序，仔细核对工资表，以保证各项信息的准确性。此外，如果企业实行的是密薪制，那么除了薪酬专员和人力资源部经理或人事专员外，应保证最少的人员接触到员工的薪资信息。

10.4　编制人力资源月报，方便薪酬管理

人力资源月报是人力资源工作月报告的简称，是一份人力资源部的工作月报。它是定期的人力资源管理工作总结，是对历史人力资源管理工作的梳理，同时也可以为未来的人力资源管理提供指导企业编制人力资源月报，应该按照一定的要求操作。

10.4.1　人力资源月报的形式与内容

人力资源月报形式不同，包含的内容也有差异，常见的人力资源月报形式主要有以下三种。

1. 强调人力资源数据分析的月报

这种形式的人力资源月报，对人力资源数据进行了充分的展示，同时还包含了人工成本指标分析，具体内容的目录展示如下：

×××企业202×年×月人力资源月报

一、人力资源总体情况

（一）人员总量情况

（二）人员结构情况

二、本月异动情况

（一）增员情况

（二）减员情况

（三）内部调整情况

三、招聘工作开展情况

四、培训工作开展情况

五、薪酬福利发放情况

（一）工资发放情况

（二）社会保险发放情况

（三）自有福利发放情况

（四）其他人工成本项目发放情况

（五）主要人工指标完成情况

附件：员工花名册

2. 强调人力资源月度工作的月报

这种形式的人力资源月报，主要有人力资源数据统计、人力资源工作总结和人力资源数据分析，具体内容的目录展示如下：

×××企业202×年×月人力资源月报

一、人力资源信息及分析

（一）员工总量分析

（包括员工人数、薪酬总额、福利总额、其他人工成本等的分析）

（二）人员异动情况

（包括新进人员、离职或解聘人员、岗位升降情况、岗位调整情况等）

（三）薪酬分析

（包括不同类型人员薪酬总额、不同职级员工薪酬总额、薪酬不同部分总额及比例等）

（四）员工结构及素质分析

（包括员工性别、政治面貌、文化程度、专业技能、职业资格等）

二、人力资源工作总结

（包括人力资源当月工作计划或工作重点，以及工作计划或工作重点完成情况；其他人力资源主要工作完成情况等）

三、突出问题分析

（主要指对当月人力资源工作或通过人力资源数据分析所反映出来的问题进行更深入的分析，并提供一定的解决方案等）

3. 强调人力资源职能的月报

这是按照人力资源管理的职能编制人力资源月报，具体内容的目录展示如下：

××× 企业 202× 年 × 月人力资源月报

一、招聘

（本月到岗人数、部门分布、部门的岗位缺失程度等）

二、培训

（本月员工培训的内容、人数、部门分布；培训覆盖率、培训费用统计）

三、绩效

（本月绩效较好的人员、较差的人员，这一般是针对管理人员而言的）

四、薪酬

（本月公司人工成本总额、部门人力成本总额、环比增长率、同比增长率）

五、劳动关系

（本月员工异动——升职、降职情况、离职人员及人数，以及这些异动人员的部门分布）

在不同形式的人力资源月报中，相关的内容展示，除了可以用文字之外，还可以结合图表进行展示，能让人力资源月报的呈现形式更加灵活、直观，便于相关阅读者的阅读。

10.4.2 人力资源月报的编制流程

企业人力资源部会同其他各部门共同完成人力资源月报的编制。在人力资源月报的编制过程中，人力资源部作为主导，其他各部门提供各项与人力资源相关的关键信息。总体来看，人力资源月报的编制流程如图10-5所示。薪酬管理人员在人力资源月报的编制过程中起着重要的作用，其在信息的汇总、报告过程中承担着关键的责任。

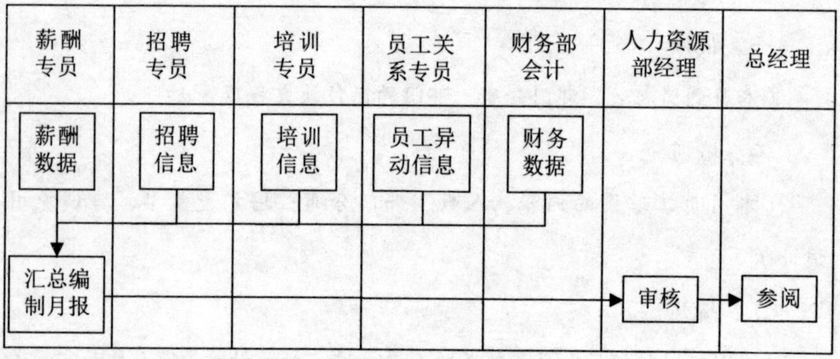

图10-5 人力资源月报的编制流程

【HR说】员工薪酬是要公开还是保密

在组织中，员工薪酬是要公开还是保密，这不仅是管理者关注的一个问题，同时也是员工关注的一个问题。此外，学术界也做了大量的研究，来探索薪酬公开或保密会给企业管理带来哪些影响。

实际上，企业选择员工薪酬公开或保密，在一定程度上与组织的管理规范化和组织所倡导的企业文化有关：当组织管理规范化程度较低，并在企业文化上强调员工之间的竞争意识，使组织自身的集权化程度较高时，薪酬保密制度就比较适合；当组织管理规范化程度较高，组织中的机构及岗位职责比较清晰，在企业文化上强调员工之间的沟通合作，这样的组织相对来说比较适合薪酬公开制。

目前，大多数组织采用密薪制。那么密薪制就一定是完美的吗？我们通过了解密薪制的优缺点来解答这个问题。关于密薪制的优缺点，见表10-5。

表10-5　密薪制的优缺点

	具体内容
优点	·有利于避免员工之间的互相攀比行为 ·有利于保护企业的商业秘密 ·有利于保护员工个人的隐私，维持和谐的人际关系 ·有助于减少管理者的管理难度 ·有助于回避薪酬管理中的敏感问题

（续表）

	具体内容
缺点	· 可能会使薪酬制度的激励性下降 · 不透明的薪酬可能会引发一些小道消息，从而出现一些本不应该出现的问题 · 可能会引发暗箱操作，导致内部薪酬不公平性的行为 · 可能导致个人的薪酬水平与自身的薪酬谈判能力存在一定的联系，不符合薪酬管理的内部公平性理念 · 可能会引发不正常的上下级关系

通过认识密薪制的优缺点，可以发现，密薪制并不是完美的。对于组织来说，薪酬无论是公开还是保密，都必须先做好薪酬管理的基础工作，例如绩效考核的准确性与公正性、薪酬制度的公平性与竞争性、企业对薪酬问题的监控与反应速度等，只有在这些基础工作扎实的基础上，后续的薪酬管理工作才能顺利推动。

密薪制虽然被大多数企业采用，但薪酬公开也逐渐成为一种趋势，例如，很多组织会公布岗位的薪酬范围和奖金范围。从长远来看，如果薪酬与绩效之间能够显示出清晰的关联关系，那么公开薪酬对提高业绩具有显著的作用，这将驱动员工努力提高自身的技能来做出更好的成绩。总的来说，只要组织的薪酬政策与制度足够成熟，各项奖励措施足够合理，并能与企业的战略保持一致，经得起各种质疑，那么薪酬公开将会给企业带来更多的效益。

第11章

进行内外部薪酬调查，保持企业薪酬的竞争性

企业在薪酬管理方面，同样需要“知己知彼”，才可以“百战不殆”。调查内外部的薪酬是企业实现“知己知彼”的重要途径。通过薪酬调查，对保持企业薪酬管理的内部公平性及外部竞争性具有重要的作用。不过，薪酬相关信息通常具有保密性，因此必须通过可靠的调研方式来获取市场上的薪酬信息，然后对其进行有效的分析，并将其应用到企业的薪酬管理工作中，这样企业薪酬就能够在市场上保持优势，进而为企业战略服务。

11.1 薪酬满意度调查的内容与时机选择

企业实施内部薪酬调查，指的是员工薪酬满意度的调查。员工对企业薪酬的满意度包含诸多方面，通过内部薪酬调查来了解企业员工对薪酬的满意度，可以从企业自身出发，寻找薪酬管理方面存在的问题，以实现有效的解决。

11.1.1 薪酬满意度调查的主要内容

薪酬满意度的调查，包括诸多内容，如图 11-1 所示。

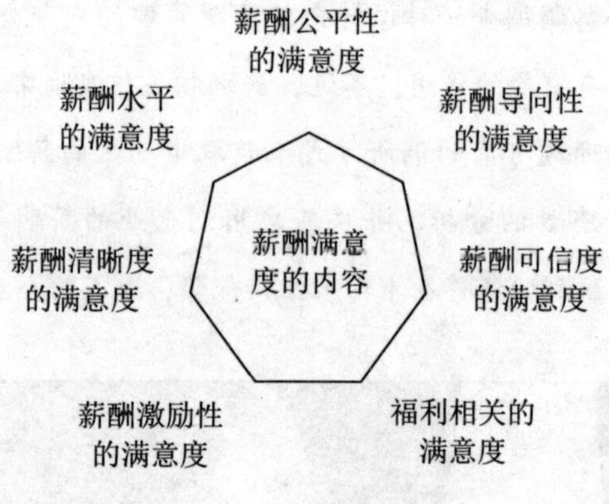

图 11-1 薪酬满意度的内容

1. 薪酬水平的满意度

员工对薪酬水平的满意度，体现在以下方面。

（1）员工认为目前的薪酬水平与自身所处的位置和阶段是否匹配。

（2）员工认为目前的薪酬水平能否满足自身或家庭日常的生活开支。

（3）员工认为企业薪酬与外部市场的薪酬水平相比是否具备竞争力。

2. 薪酬公平性的满意度

员工对薪酬公平性的满意度，体现在以下方面。

（1）员工认为企业内部的薪酬分配是否公平，是否存在同岗位、同级别下多劳少得或少劳多得的情况。

（2）员工认为薪酬的岗位设置是否公平，是否存在岗位对企业的贡献度高而其对应的薪酬水平却低于贡献度的情况。

（3）员工认为企业的分配机制运行是否公平公正，企业目前的薪酬能否匹配员工对企业的贡献。

3. 薪酬导向性的满意度

员工对薪酬导向性的满意度，体现在以下方面。

（1）员工认为企业的薪酬制度是否完善，制度中的分配依据是否科学、充分、合理。

（2）员工认为企业的薪酬制度对外部人才的吸引力如何。

（3）员工认为企业员工离职的原因是否因为薪酬问题。

4. 薪酬清晰度的满意度

员工对薪酬清晰度的满意度，体现在以下方面。

（1）员工对企业薪酬计算依据是否明了。

（2）员工认为企业是否应该实行密薪制，对薪酬的保密要到哪种程度。

5. 薪酬激励性的满意度

员工对薪酬激励性的满意度，体现在以下方面。

（1）员工是否认为企业目前的薪酬具有激励性。

（2）员工是否认为公司整体的效益与员工工资的关系密切。

（3）员工在拿到薪酬或奖金的时候，是否有过心情激动的感觉。

（4）员工认为自己在工作中的努力和成绩在薪酬层面是否得到了认可和回报。

6. 薪酬可信度的满意度

员工对薪酬可信度的满意度，体现在以下方面。

（1）员工是否认为企业能在规定的时间内及时、准确地发放自己应得的工资。

（2）员工认为当对薪酬相关事宜提出异议时，能否及时得到满意的答复。

7. 福利相关的满意度

员工对企业福利的满意度，体现在以下方面。

（1）员工是否认为企业的福利设置基本可以满足员工的需求。

（2）员工对企业提供的福利项目是否满意，应该增加或减少哪些福利项目。

（3）员工对企业提供的培训或学习机会是否满意。

（4）员工对企业提供的假期及实际能休的假期是否满意。

11.1.2 薪酬满意度调查的时机选择

企业内部的薪酬满意度调查，需要全体员工的参与，这会在一定程度上给员工带来调薪期望。因此，企业进行薪酬满意度的调查，要选择好时机，能够通过薪酬满意度的调查给员工带来一些薪资上的变化。否则，随意选择薪酬满意度调查时机而不对员工的薪资进行调整，会给员工带来一些负面情绪，从而影响员工的士气，容易给企业造成一些负面影响。

那么如何选择薪酬满意度的调查时机呢？以下是几种常见的选择。

1. 固定期限的薪资满意度调查

固定期限的薪资满意度调查，适合采用市场化薪酬模式的企业。这类企业会定期了解市场薪酬水平和自身薪酬水平，并对其进行对比，从而制订自身在未来的薪资调整计划。在这类采用市场化薪酬模式的企业中，一般以年度为周期进行薪酬满意度调查，来了解员工在薪酬方面的感受，寻找相关的薪酬管理问题，进而将薪酬满意度调查与薪酬模式调整相结合，制定相应的薪酬调整策略。

2. 企业战略转型期的薪资满意度调查

企业战略转型期分为三种：企业经营遇到困难，处于经营管理的困难期；企业经营顺利，同时企业的规模与扩张速度超过人员的增长速度；企业处于战略发展的转型期，需要引入新产品或新的管理模式。

在企业战略转型期，企业要调整的不只是薪酬，还有组织结构、业务模式。此时，开展薪酬满意度调查，能让企业对自己的薪酬制度进行梳理和自省，为企业管理制度的调整收集重要的信息、提供决策的依据。

3. 企业薪酬问题突出时的薪酬满意度调查

当薪酬问题成为员工反映的重点时，说明企业的薪酬管理存在突出的问题，此时进行薪酬满意度的调查，能及时了解员工在薪酬方面的诉求，有效解决企业在薪酬管理方面的相关问题。

4. 新的人力资源负责人上任时

一般来说，企业中如果有新的人力资源管理者上任，会发起薪酬满意度的调查，来了解企业目前在薪酬管理方面的状态。

11.2 利用调查问卷与访谈，了解内部薪酬管理现状

企业开展薪酬满意度调查，需要按照一定的流程制订薪酬满意度调查计划，然后设计薪酬满意度调查问卷问题、选择访谈对象、设计访谈提

纲，实施内部薪酬满意度的调查。

11.2.1 制订薪酬满意度调查计划

1. 薪酬满意度调查计划的制订流程

薪酬满意度调查的需求，由人力资源部提出。关于薪酬满意度调查的实施，是企业自主开展工作还是由第三方机构完成，需要总经理进行决策。总经理如果同意采用第三方机构进行薪酬满意度的调查，就需要人力资源部与第三方机构进行协商讨论，由第三方机构提出薪酬满意度调查方案，并报总经理审批。否则，由人力资源部制订薪酬满意度调查方案，报总经理审批。

这一系列决策过程实际就是薪酬满意度调查计划的制订流程。

2. 薪酬满意调查计划的内容

在薪酬满意度调查计划中，主要内容有：调查任务、调查提纲、调查时间、调查范围、调查人与被调查人、调查方法、调查结果的收集与使用等。例如，表 11-1 是某企业的薪酬满意度调查计划的内容展示。

表 11-1 某企业薪酬满意度调查计划内容

调查任务	员工薪酬满意度调查
调查时间	202× 年 12 月 1 日 ~12 月 16 日
调查范围 调查方法 被调查人	问卷：全体员工 访谈：员工代表（随机抽取 20 名）、部门经理 7 人、副总经理 3 人
调查人	××× 咨询公司咨询师 2 人，公司薪酬管理专员
工作安排	

（续表）

时间	工作内容	负责人
12月1日	召开动员会	总经理
12月1日	发放问卷	薪酬专员
12月2日	回收问卷	薪酬专员
12月3日~4日	问卷初步分析，修订访谈提纲，随机选择访谈人员	咨询师
12月5日~10日	访谈	咨询师、薪酬专员
12月11日~12日	拟定调查报告	咨询师
12月13日	与人力资源部沟通报告结果，修订报告	咨询师、人力资源部经理
12月14日	汇报员工薪酬满意度调查报告，听取意见	咨询师、总经理、人力资源部经理
12月15日~16日	修订完善薪酬调查报告	咨询师
附：薪酬调查问卷、访谈提纲		

11.2.2　设计薪酬满意度调查问卷

设计薪酬满意度调查问卷时，问卷内容基本上可以分为以下四部分。

1. 调查说明

调查说明是写给被调查人的一些说明性内容，如如何填写、填写中需要注意的问题与调查工作有关的其他说明。

2. 被调查人员基本信息

调查问卷一般采用匿名填写的方式，但为了真实了解不同岗位、不同级别员工的薪酬满意度，为问卷分析做好准备，需要被调查人员填写一些除姓名之外的基本信息。

3. 主要问题

主要问题是指围绕薪酬满意度而设计的一系列由被调查者回答的简单的、清晰的问题，这些问题一般采用封闭式回答，例如，按照“非常满意、较满意、不确定、不满意、非常不满意”设定。

4. 开放式问题

调查问卷要设计一部分开放式问题，由被调查者发表自己的观点。需要注意的是，开放式问题不宜太多，以免造成调查结果过于分散、缺乏代表性。

例如，表 11–2 是某企业的薪酬满意度调查问卷的内容展示。

表 11–2　某企业员工薪酬满意度调查问卷内容展示

××× 企业 202× 年 12 月薪酬满意度调查问卷 调查说明： 1. 你可以匿名填写此份调查问卷。 2. 本调查问卷的信息将严格保密，请您放心作答。 3. 本调查问卷共有 17 个问题，第 1~16 题为单项选择题，第 17 题为主观题。 4. 请您根据实际情况及真实想法作答本调查问卷，以保证薪酬调查结果有效。 5. 填写时间：　年　月　日。							
所在部门		年龄		性别		学历	
工龄		本岗位任职年限		司龄		婚姻状况	
我所在的办公场所	☐办公室　☐项目部						
我在企业中的职务	☐高层管理者　☐中层管理者　☐ 一般员工						
1. 我对自己目前的收入：☐非常满意　☐较满意　☐不确定　☐不满意　☐非常不满意							

（续表）

2. 凭借自己的业绩，我对获得的回报：□非常满意　□较满意　□不确定　□不满意　□非常不满意
3. 我目前的职务与目前的收入：□非常匹配　□较匹配　□不确定　□不匹配　□非常不匹配
4. 我的收入与本地同行业类似岗位相比：□非常满意　□较满意　□不确定　□不满意　□非常不满意
5. 我对公司目前薪酬制度的评价是：□非常科学合理　□较科学合理　□不确定　□不够科学合理　□非常不科学合理
6. 我对企业的奖金分配制度：□非常认同　□较认同　□不确定　□不认同　□强烈反对
7. 我对收入各项目之间的比例：□非常满意　□较满意　□不确定　□不满意　□非常不满意
8. 我对企业提供的各项福利：□非常满意　□较满意　□不确定　□不满意　□非常不满意
9. 我对企业员工的薪酬层级差别：□非常认同　□较认同　□不确定　□不认同　□强烈反对
10. 我对目前公司薪酬制度对员工的激励性：□非常满意　□较满意　□不确定　□不满意　□非常不满意
11. 我对企业薪酬支付的准确性和及时性：□非常满意　□较满意　□不确定　□不满意　□非常不满意
12. 我对加班工资的计算方法：□非常满意　□较满意　□不确定　□不满意　□非常不满意
13. 我对企业的加薪制度：□非常满意　□较满意　□不确定　□不满意　□非常不满意
14. 我对员工的活动补贴：□非常满意　□较满意　□不确定　□不满意　□非常不满意

（续表）

15. 我对公司提供的培训福利：□非常满意 □较满意 □不确定 □不满意 □非常不满意
16. 我对目前公司薪酬制度对人才吸引性的评价：□非常强 □较强 □不确定 □不强 □完全没有
17. 我对企业薪酬管理的其他观点或建议：

11.2.3 选择薪酬调查访谈对象的方法

问卷调查可以反映企业员工的薪酬满意度情况，但由于问卷结果较为综合，因此，我们还需要通过访谈来了解企业薪酬满意度在员工身上的体现。进行对员工薪酬满意度的访谈，首先要选择访谈对象。

在薪酬满意度调查工作中，访谈对象的选择方法主要有以下几种。

1. 按管理层级选择访谈对象

先将企业层级简单划分为四级：决策层、管理层、执行层、操作层。然后在这四个层级中按比例选择访谈对象。例如表 11-3 是层级划分下的访谈对象选择。

表 11-3 按层级选择访谈对象

层级	岗位	访谈对象选择
决策层	董事长、总经理、副总经理	全部访谈
管理层	部门经理、副经理	全部访谈
执行层	主管、会计、人事专员、文秘	按比例访谈
操作层	工人、保安、保洁	按比例访谈

2. 按职能类别选择访谈对象

按岗位职能，将企业中的岗位按管理、专业、技术、营销、作业划分为五类岗位族，然后从这五类岗位族中选择访谈对象。例如表 11-4 中就是按职能类别选择的访谈对象。

表 11-4　按职能类别选择访谈对象

岗位族	岗位	访谈对象选择方法
管理	董事长、总经理、副总经理、部门经理、副经理、主管	全部访谈或按高比例选择访谈对象
专业	会计、人事专员、审计、文秘	按中比例选择访谈对象
技术	工程师、技术员	
营销	营销策划、销售员	核心人才采用高比例选择访谈对象；其他人员采用低比例选择访谈对象
作业	工人、保安、保洁	按低比例选择访谈对象

3. 按问题导向型选择访谈对象

根据员工对薪酬管理问题的反映，与薪酬管理相关问题关联度越多的员工，越应该多对其进行访谈。

11.2.4　访谈提纲的设计思维与逻辑

一份合理的访谈提纲一般会包含以下两方面的问题。

（1）一般性问题：与调查内容一致，主要有薪酬水平、薪酬差距、薪酬结构、影响因素、发放方式、薪酬调整、工作感受等，提问可以与问卷一致。

（2）深入性问题：是对一般性问题的深入分析，也是调查分析的核心内容。

所以，在设计访谈提纲时，可以根据图 11-2 所示的思维逻辑，来处理一般性问题与深入性问题的关系。

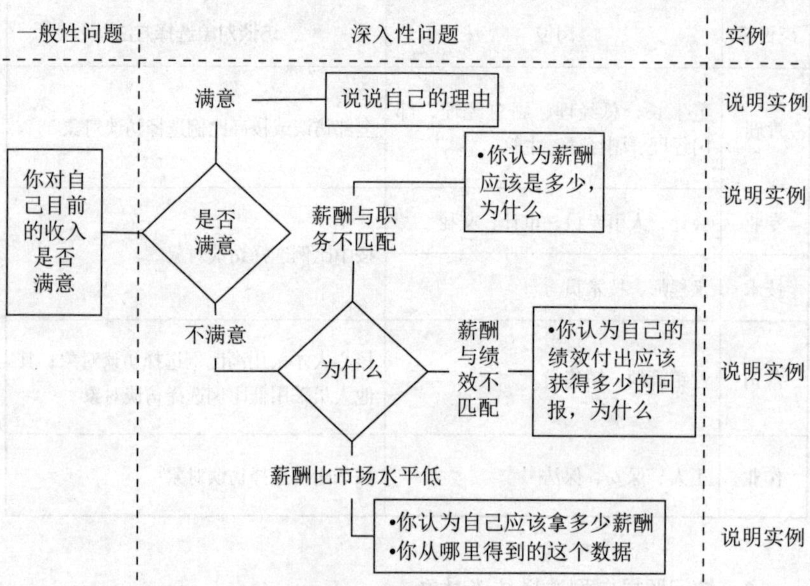

图 11-2　薪酬访谈提纲的设计思维逻辑

依据薪酬访谈提纲的设计思维逻辑，就可以得出如表 11-5 的薪酬满意度调查访谈提纲。

表 11-5 薪酬满意度调查访谈提纲

调查内容	一般性问题	深入性问题
薪酬水平	你对自己目前的收入是否满意	说说你的理由
		你认为自己应该拿多少薪酬，为什么？
		你认为自己的绩效付出应该获得多少回报，为什么？
		你认为自己应该拿多少薪酬？你从哪里得到这个数据？
薪酬差距	你觉得目前的薪酬水平能否体现自己的价值？	你觉得是什么决定了你的薪酬水平？
		你认为如何做才能体现你的价值？有类似的例子吗？
		你认为是你的薪酬水平低了还是其他人的薪酬水平高了？
		不考虑其他人，你的付出与回报合理吗？
薪酬结构	你觉得工资、绩效、奖金、福利之间的比例是否合适	如果继续按这个标准执行下去，你有反对意见吗？
		为什么固定工资部分（绩效、奖金、福利）要提高一些？有类似的例子吗？
		在总额不变的情况下，按你的意见调整薪酬结构，你同意吗？为什么？
薪酬影响因素	你觉得是什么决定了你的薪酬水平？	你觉得应该由什么决定你的薪酬水平？为什么？
		你了解哪些好的例子？
薪酬发放方式	你觉得现有薪酬发放方式是否合理？	如果每月适当调整薪酬比例，你可以接受吗？
		你有什么好的建议？
薪酬调整方式	你觉得一年一调的方式是否合适？	企业将延续这种方式，你是否同意？
		你有什么好的建议吗？为什么？
其他	……	……

11.3 分析调查结果，做薪酬满意度自我检查

依据薪酬满意度调查问卷及访谈提纲完成薪酬满意度调查后，接下来是对调查问卷和访谈结果进行分析，最终得出一份薪酬满意度调查报告。通过分析薪酬满意度调查报告，企业能清晰地发现自身在薪酬管理方面存在的问题，实现薪酬管理的自我检查，优化薪酬管理，提升员工对企业薪酬的满意度及企业薪酬的外部竞争力。

11.3.1 薪酬满意度调查报告分析的注意事项

在分析薪酬满意度调查结果时，需要注意以下几点。

1. 将员工对薪酬的满意度数值化

将员工对薪酬的满意度量化成数值，同时做好记录，能为薪酬满意度的对比分析打好基础。薪酬满意度调查收集到的问卷及访谈结果，往往是一些描述性的内容，只有将这些内容数值化，才能更加精确地判断员工的薪酬满意度情况，以及与以往数值进行对比分析。

2. 保持每年的薪酬调查问卷一致

只有保持每年的薪酬调查问卷一致，才能得出更具有可比性的数值，不会造成数据混乱，更有利于分析薪酬满意度的变化情况。

3. 员工在回答薪酬满意度调查问卷时存在一定的主观性

员工在填写薪酬满意度调查问卷时，通常是根据自己的直观感受、感性认知而回答相关问题，这就使得调查问卷收集到的薪酬满意度调查结果存在过多的主观性，薪酬调查人员要注意到这一点。

总的来说，员工薪酬满意度调查结果可以作为企业薪酬调整的重要参考，需要注意该结果存在的一些问题，但也不能吹毛求疵，要求其达到尽善尽美。一般来讲，如果员工对薪酬满意的人数达到75%以上，那么就可以说企业内部的薪酬管理处在一个较良好的状态。

11.3.2　薪酬满意度调查结果的分析

根据员工薪酬满意度问卷及访谈结果，最终可以得出一份企业的薪酬满意度调查报告。薪酬满意度调查报告的主要内容如下：

×××企业薪酬满意度调查报告

一、调查整体情况说明

（主要包括：调查目的、调查时间、调查人群、调查方式、参与情况）

二、调查结果分析

（结合调查问卷的内容分类，逐项说明调查结果，包括调查问题、答卷情况、体现的问题等）

三、问题汇总与应对措施

（根据调查结果分析的内容，汇总薪酬满意度方面存在的问题，分析其中是否存在一定的规律，并提出应对措施）

在薪酬调查结果的逐项分析过程中，调查人员通常会将薪酬满意度调查结果数值化，并制作相应的图表，来直观地展示调查结果。

11.3.3　依据薪酬满意度调查结果进行自我检查

在得出薪酬满意度结果及汇总完相关问题后，企业就要对自身的薪酬管理进行自我检查。薪酬管理的自我检查，首先要听取员工的意见，此外，薪酬管理者还要从自身的管理实际出发，对企业的薪酬管理进行反思，再将企业现有的薪酬水平与市场薪酬水平进行对比。

当企业启动薪酬满意度调查时，管理者要对薪酬管理制度做全面的梳理，与市场或同行业企业对标，精准定位自身薪酬管理存在的问题，以实现有效的自我检查与薪酬管理改进。

11.4 做好准备工作，开展外部薪酬调查

为了有效解决企业薪酬管理中存在的一些问题，通过开展外部市场薪酬调查，用市场薪酬数据来定位企业的薪酬水平，解决企业薪酬管理中存在的问题，对保持企业薪酬的外部竞争性具有重要作用。

11.4.1 薪酬管理复盘，确定外部薪酬调查目的

企业开展外部薪酬调查，通常是基于对自身薪酬管理工作的复盘，发现相关问题，以解决这些问题为目的开展外部薪酬调查。企业开展外部薪酬调查的目的有以下几种。

（1）为重新建立企业整体的薪酬管理体系，制定薪酬标准、薪酬管理制度、薪酬层级制度和薪酬晋级制度提供依据。

（2）为企业整体或局部薪酬水平、薪酬结构、薪酬层次、薪酬支付等薪酬政策的调整与完善提供依据。

（3）为某类具体岗位的薪酬政策的确定或调整提供依据。

（4）查找企业在内部公平性和外部竞争性方面存在的问题，以及时

调整和改善。

（5）掌握同地区、同行业的薪酬水平及薪酬调整时间、范围和水平。

（6）学习和了解其他企业在薪酬管理方面的创新方法和趋势。

（7）掌握全社会的劳动力价格和趋势。

（8）控制企业的人力资源成本。

11.4.2 外部薪酬调查的基准企业选择

选择基准企业是外部薪酬调查的第一步，实现这一步一般需要通过以下三个流程。

1. 选择地区

在选择基准企业时，一般是从企业自身的规模及自身岗位的性质出发，通过考量企业所在地域及各岗位薪酬相关性，来选择薪酬调查的地区范围，例如国家、省市、区县、村镇等。

通常，根据岗位的性质，薪酬调查的地区选择会有所不同。

（1）按岗位职能分。通用职能类岗位：一般选择本地区相对小范围内的相似企业、相似岗位实施薪酬调查。业务类岗位（特别是一些专业技术类岗位）：根据人才招募的方位来选择目标地区，甚至要参考全国、全球范围内的该类岗位薪酬情况。

（2）按职级高低分。职级较低的岗位（技术员、财务专员等）：薪酬调查的地区范围可以小一些。职级较高的岗位（技术总监、财务总监等）：薪酬调查的地区范围可适当大一些。

2. 选择行业

选定薪酬调查的地区后，就可以根据企业的行业相关性来选择与企业在人才、产品、市场等方面存在竞争关系的企业，可以从以下维度出发。

（1）经营范围：选择与企业生产同类或相似产品的企业，也可以直接选择企业的竞争对手或与企业存在竞争关系的企业。

如果要做薪酬调查的岗位通用性比较强，就可以减少经营范围维度的基准企业选择；如果要做薪酬调查的岗位具备一定的产业特殊性，则需要在经营范围维度选择较多的基准企业。

（2）工艺技术：选择与企业产品的生产技术工艺相近的企业或相同产业的企业。

（3）产业供应链：可以选择与企业产品相关的上游或下游企业。

3. 选择企业

在确定基准企业的地区和行业后，选择具体企业时，还要考虑企业规模与性质的匹配度和关联性，可以从以下维度出发。

（1）财务数据：可以选择在总投资、总资产、销售额、利润额等方面比较相近的优秀企业作为基准企业。

（2）占用空间：可以选择在总经营面积、总占地面积等方面相近的优秀企业作为基准企业。

（3）人数：可以选择在总人数、一线工人数量等方面相近的优秀企业作为基准企业。

（4）组织机构：可以选择与企业组织机构类似的优秀企业作为基准企业。

11.4.3 外部薪酬调查的基准岗位选择

基准岗位指与企业待进行薪酬调查岗位工作内容、职责、任职要求、上下级关系、岗位等级、管理幅度等方面相似，且在短期内不会发生明显变化的岗位。

为了让所选择的岗位与企业岗位实现更好的匹配，需要先对企业自身的岗位进行全面的了解，全面掌握每一个待调查岗位的设置、管理、价值，然后以这些信息为基础，选择基准企业的相似岗位作为薪酬调查的基准岗位。

需要注意的是，在选择基准岗位时，不能仅从岗位名称出发，因为即使是名称相同的岗位，其具体的岗位性质也可能会存在差别。

此外，关于基准岗位的选择数量，可以根据基准企业的选择数量确定。

11.4.4　外部薪酬调查的需求信息确认

根据企业的外部薪酬调查目的，在选择好基准企业与基准岗位的范围后，就要明确薪酬调查的需求信息。关于薪酬调查信息，要根据企业薪酬调查的目的和薪酬调查的成本高低综合考虑，而不是越多或越简化就越好。为了增加薪酬调查结果的有效性，薪酬调查的需求信息主要集中在以下方面。

1. 对标企业的企业信息

参考基准企业的选择过程，需要了解的企业信息有：所属地域及行业属性、股权状况、财务状况、职工情况（人数、教育背景、平均工作年限、技术人员占比等）、经营面积、组织机构、部门设置、管理模式、运营流程、汇报层级等。

2. 对标企业的岗位信息

参考基准岗位的选择过程，需要了解的岗位信息有：岗位名称、具体工作内容、工作职责、任职要求、上下级关系、岗位等级、管理幅度、开展工作的难易程度、工作环境等。当可以获取对标企业的岗位说明书时，可以快速掌握这些岗位信息。

3. 对标企业的薪酬信息

根据薪酬调查的目的，有选择性地收集薪酬信息，主要有以下薪酬信息。

（1）薪酬水平信息：指每月、每季度或每年的应发工资或实发工资信息。

（2）薪酬结构信息：不同岗位的薪酬组成信息（无责任底薪、岗位津贴、绩效工资、奖金等项目的具体数额及占比）。

（3）长期激励薪酬信息：对于一些中高层岗位和关键岗位，在了解短期薪酬水平及结构信息的基础上，还要对是否存在长期激励薪酬（股票期权、股票分红、虚拟股票等）的信息进行了解。

（4）薪酬政策信息：从整体的薪酬政策角度，了解对标企业的薪酬实际状况。这可以从对标企业的薪酬管理制度入手。

（5）福利体系信息：除了基本休假日福利外，企业拥有的自有福利类型（培训机会、福利分房、无息贷款、补充保险、弹性工作制、子女教育及一些非货币性福利）的多寡、实用性、水平高低等。

11.4.5 选择有效的渠道，实施外部薪酬调查

企业实施外部薪酬调查时，要选择有效的渠道获取调查信息。根据成本划分，薪酬调查渠道可以分为无偿渠道和有偿渠道。无偿薪酬信息获取渠道主要指政府、协会、机构定期公布的劳动力市场价格参考；有偿薪酬信息获取渠道主要指从专业的咨询服务机构处购买，或者企业利用自身的资源做薪酬调查。如表 11-6 所示，对薪酬调查信息的渠道进行划分，企业可以根据成本的大小和自身薪酬管理方面的预算选择外部薪酬调查渠道。

表 11-6　各种外部薪酬调查渠道

薪酬调查渠道		优点	缺点
信息公开渠道	国家有关部门、地方各级政府劳动保障部门、相关的统计部门每年定期发布的劳动力市场价格调研报告；学术机构、杂志、论坛等发布的一些公开论文	· 可以无偿获得薪酬数据、能为企业节约薪酬调查成本 · 具有较高的准确性、权威性和可信度 · 信息丰富全面	· 信息发布时间可能与企业薪酬调查信息需求时间不一致 · 不能满足拥有较多特殊岗位的个性化需求 · 一些机构、协会、论坛发布的内容可能缺乏权威性，使用时要谨慎
专业机构渠道	一些薪酬调查公司、咨询公司、人才服务机构等。运作较为规范，数据来源和数据分析模型比较成熟	· 能根据企业的需求，为企业量身定制薪酬调查内容 · 能为企业的薪酬管理提出可行的、合理化的建议 · 能客观获取数据，能保证调查结果的真实性和有效性 · 能减少企业人力资源部门的基础工作，避免企业薪酬调查的一些矛盾 · 能利用机构自身的数据优势，拓展企业的数据信息量	· 成本较高 · 企业难以判断其所提供数据的真实性 · 专业性较难把握，企业面临风险成本较难确定
企业自身渠道	企业根据自身实际需求，有目的性、针对性和灵活性地收集、调整、改进薪酬调查方式，例如，利用招聘环节、峰会论坛、定向获取（调查问卷、访谈、社交关系网、招聘网站）等方式收集薪酬信息	· 招聘环节：针对性强、费用低、数据样本量大 · 峰会论坛：能在短时间内有针对性地获取大量企业想要了解的信息 · 定向获取：获取信息的目标性强、目的性强，信息的真实性和有效性强	· 需要企业提供大量的人力、物力及时间 · 需要具备一定经验和数据挖掘能力的人实施 · 需要根据具体情况采用适宜的调查手段 · 需要薪酬管理者具备专业的数据处理能力和分析能力

11.5 掌握数据分析方法，得出有效的薪酬调查结果

针对薪酬调查获取的薪酬信息，就需要使用一定的数据分析方法来进行分析，以得出有效的薪酬调查结果。薪酬调查结果的分析环节，常用的分析方法主要有集中趋势法、离散分析法、频率分析法、图表分析法、回归分析法。

11.5.1 集中趋势法的介绍

集中趋势法是将薪酬调查后的所有样本数据集中成一个具体数值的方法。这是一种简单、常用、直观的薪酬结果分析方法，几乎适用于所有类型的薪酬调研结果。集中趋势法具体可以分为以下几种方法。

1. 平均值法

平均值法是基于某岗位在不同对标企业的薪酬调研结果，直接算出平均值作为该岗位市场薪酬的方法。计算公式为：

某岗位市场薪酬 = ∑（对标企业薪酬数据）÷ 对标企业数

（1）优点：计算简单，易于理解和接受。

（2）缺点：最大值和最小值会给结果的准确性带来影响[①]。

2. 加权平均值法

加权平均值法是给不同对标企业的薪酬数据赋予不同的权重，再计

① 采用平均值法时，可以将最大值与最小值剔除，以增强计算结果的准确性。

算平均值的方法。这里权重的大小主要取决于该企业从事该岗位工作的人员数量。计算公式为：

某岗位市场薪酬 = ∑（对标企业工资数 × 对标企业员工数）÷ ∑对标企业员工数

（1）优点：比简单的平均值法更具有科学性和准确性，计算结果更加接近劳动力市场的真实薪酬水平。

（2）缺点：计算结果同样受最大值与最小值的影响。

3. 中位值法

中位值法是将薪酬调查数据的结果按照大小顺序排列，找出中间位置的数值作为该岗位市场薪酬的方法。数据结果个数是奇数时，取中间的数字；数据结果个数是偶数时，取中间两个数的中间值。

（1）优点：能够自然剔除最大值和最小值的影响。

（2）缺点：只能反映一种中间状况，准确度不及加权平均值法。

11.5.2　离散分析法的介绍

离散分析法是分析和衡量薪酬调查数据离散程度的方法，比较常用的是百分位法和四分位法。

1. 百分位法

将岗位的所有薪酬调查样本数据由低到高排列后，将样本数量分成100份。用N（N为从0到100的整数，理论上有101个值）分位值表示有N%的样本数值小于此数值。

例如，当N=100时，表示有100%的数据小于此数值；当N=90时，表示有90%的数据小于此数值。以此类推，当N=0时，表示有0%的数据小于此数值，则该数据为最小值。

在百分位法中，最常用的分位值及其含义，见表 11-7。

表 11-7　常用的分位值及其含义

分位值	含义
90 分位值	反映了市场中的高端水平
75 分位值	反映了市场中的较高端水平
50 分位值	反映了市场的中等水平
25 分位值	反映了市场的较低端水平
10 分位值	反映了市场的低端水平

百分位法主要用在确定企业薪酬水平的战略定位上，能比较直观地揭示本企业薪酬水平在劳动力市场上所处的地位。

2. 四分位法

四分位法的原理与百分位法类似。不过，在四分位法中，所有薪酬调查样本数据由低到高排列后，将样本数据划分为四组，每组包含数据样本总量的 1/4（25%）。

四分位法的分位值用 Q（Q 为 0 到 4 的任意整数，理论上有 5 个）表示，具体见表 11-8。

表 11-8　四分位法的 Q 值

Q 值	含义
Q=4	代表样本数据的最大值

（续表）

Q 值	含义
Q=3	代表样本数据的 75 分位值
Q=2	代表样本数据的 50 分位值
Q=1	代表样本数据的 25 分位值
Q=0	代表样本数据的最小值

11.5.3　频率分析法的介绍

频率分析法是列出样本数在某工资区间范围内出现的次数，从而得出不同工资在不同区间出现的频率，以了解某类岗位的一般工资水平。

有了频率分析法，企业选择市场的折中工资水平时，就可以放弃平均值法或中位值法，选择更加直观的频率分析法，更有效地选择出某工资出现频率最高的区间。

（1）优点：比加权平均法更加直观。

（2）缺点：形成的数据结果不够集中。

例如，某企业在对人事专员岗位进行薪酬调查时，将调查结果按照工资范围和出现频率排列后，结果见表 11-9。

表 11-9　某企业人事专员岗位薪酬调查结果

工资范围（元）	出现次数	频率
5800~6000	0	0%
5600~5799	3	10%

（续表）

工资范围（元）	出现次数	频率
5400~5599	5	16%
5200~5399	8	26%
5000~5199	5	16%
4800~4999	4	13%
4600~4799	2	6%
4400~4599	3	10%
4200~4399	1	3%
4000~4199	0	0%

为了更加直观地确定哪个区间的薪酬出现频率最高，还可以将表 11-9 中的薪酬调查结果做成图 11-3 所示的柱状图，来更加直观地确定工资出现频率最高的区间。

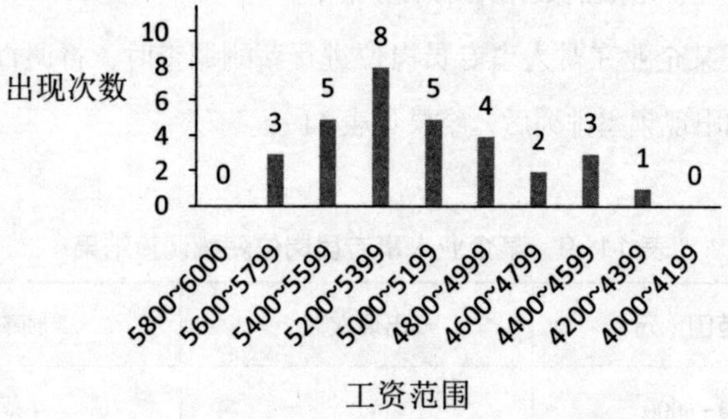

图 11-3 某企业人事专员岗位薪酬调查结果

11.5.4　图表分析法的介绍

图表分析法是指将薪酬调查的样本数据汇总整理后，形成一定的统计报表，并根据报表数据绘制成各类图形（柱状图、饼状图、折线图等）。例如频率分析法中使用的报表和图，就是图表分析法的一种应用。

有了图表分析法，薪酬调查结果的展示会更加直观、形象，能够让薪酬分析人员快速发现数据之间的不同。

例如，某企业对人力资源总监岗位进行薪酬调查，本企业人力资源总监岗位薪酬组成类目与对标企业同岗位的调查结果见表 11-10。

表 11-10　某企业人力资源总监岗位薪酬组成类目与对标企业同岗位的对比表

薪酬类目	本企业	对标企业
基本薪酬	50%	40%
司龄工资	10%	10%
岗位津贴	10%	5%
福利待遇	20%	30%
长期激励	10%	15%

根据表 11-10 的薪酬调查统计报表，我们就可以汇总出一些统计图，来更加直观、形象地认识这一调查结果，如图 11-4 和图 11-5 所示。

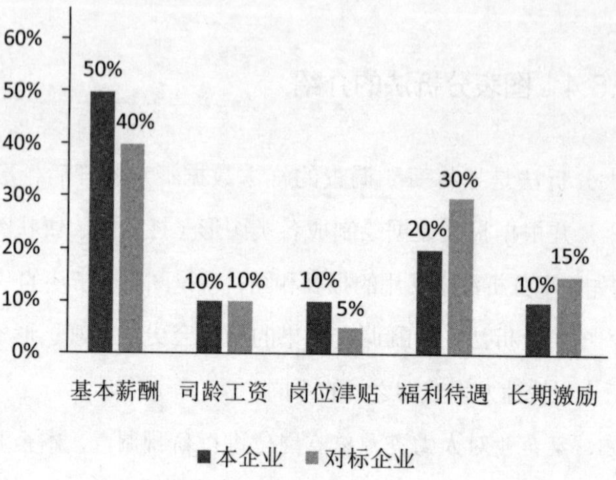

图 11-4　某企业人力资源总监岗位薪酬组成类目与对标企业同岗位的对比柱状图

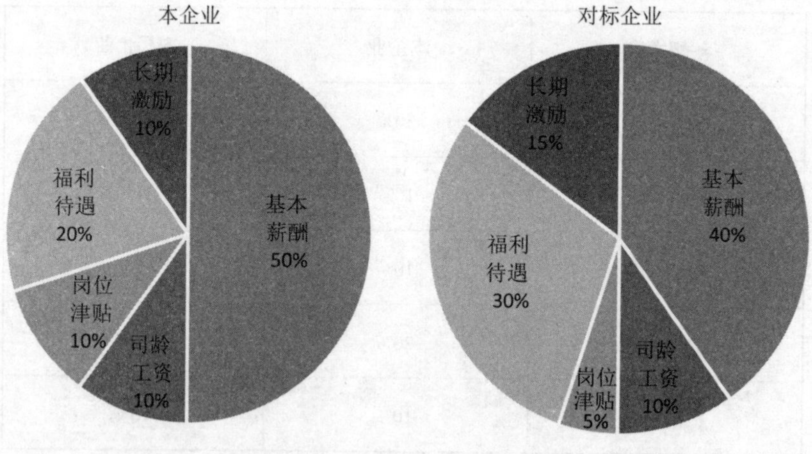

图 11-5　某企业人力资源总监岗位薪酬组成类目与对标企业同岗位的对比饼图

企业可根据薪酬调查结果的需要，选择相应的图表来直观展示相应的调查结果。

11.5.5　回归分析法的介绍

回归分析法是使用Excel办公软件或SPSS软件中的回归分析功能，来判断数据间的关系，进而对影响薪酬水平、结构、差距的因素或趋势进行预测分析。

在调查研究方面，我们一般研究两个变量之间的相关性与因果关系，因而使用到的一般是意愿回归分析。例如，对某企业现有的50个岗位的薪酬水平与岗位价值评分结果进行研究，来判断月工资标准与岗位价值之间的关系是否匹配，通过统计软件得出的一元线性回归方程为：$y=0.1x-100.16$，R^2（用来衡量两个变量之间的相关度）为0.9998，趋于1，这表示岗位月工资与岗位价值之间的相关性很强，即该企业的这一岗位工资标准能够被岗位价值评估所解释。

【HR 说】Excel 在薪酬离散分析中的应用

在薪酬调查中，如果使用离散分析法（百分位法、四分位法）来研究岗位的薪酬水平，经常会使用到 90 分位值、75 分位值等说法，这些分位值反映的是市场薪酬水平。这里，我们借助 Excel 工具，来求离散分析法下的分位值。

1. 使用 QUARTILE 函数求四分位值

在 Excel 中，QUARTILE（Array，Quart）函数可以用来求四分位值。

Array：表示要计算四分位值的数据所在区域，即数组。

Quart：表示想要返回哪一个四分位值，Quart 值填 0~4 的任意整数。当 Quart=4 时，QUARTILE 函数计算出的是最大值；当 Quart=3 时，QUARTILE 函数计算出的是 75 分位值。以此类推，当 Quart=2 时，是 50 分位值；当 Quart=1 时，是 25 分位值；当 Quart=0 时，是最小值。

用 Excel 中的 QUARTILE 函数求某组薪酬调查数据的最大值、75 分位值、50 分位值、25 分位值和最小值，具体操作如下。

（1）在图 11-6 中，鼠标单击“最大值”后面的框，

	A	B	C	D	E	F
1	财务助理岗位薪酬调查					
2						
3	排序	企业名称	平均工资			
4	1	A	6000			
5	2	B	5800			
6	3	C	5600			
7	4	D	5400		最大值	
8	5	E	5200		75分位值	
9	6	F	5000		50分位值	
10	7	G	4800		25分位值	
11	8	H	4600		最小值	
12	9	I	4400			
13	10	J	4200			
14	11	K	4000			
15	12	L	3800			

图 11-6　求四分位值操作步骤一

移动鼠标至“fx”处插入函数。

（2）在“统计”类型中找到QUARTILE函数，单击确定，如图11-7所示。

图 11-7 求四分位值操作步骤二

（3）在“数组”（Array）后的框内选择数据所在的位置（C4到C15），在“四分位数”（Quart）后的框内输入“4”，单击“确定”，如图11-8所示。

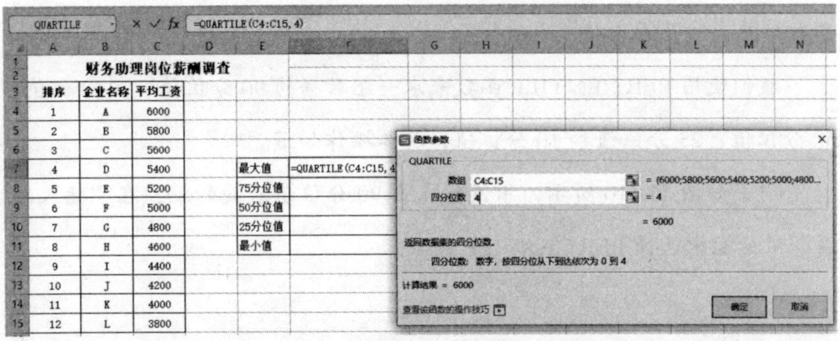

图 11-8 求四分位值操作步骤三

依照图 11-9 的方法，以此计算出 75 分位值、50 分位值、25 分位值和最小值对应的薪酬数值，如图 11-9 所示。

财务助理岗位薪酬调查

排序	企业名称	平均工资			
1	A	6000			
2	B	5800			
3	C	5600			
4	D	5400		最大值	6000
5	E	5200		75分位值	5450
6	F	5000		50分位值	4900
7	G	4800		25分位值	4350
8	H	4600		最小值	3800
9	I	4400			
10	J	4200			
11	K	4000			
12	L	3800			

图 11-9　QUARTILE 函数求出的四分位值

2. 使用 PERCENTILE 函数求任意分位值

在 Excel 中，用 PERCENTILE（Array，K）函数，可以在百分位法下求任意分位值。

Array：表示要计算分位值的数据所在区域，即数组。

K：表示想要求得分位值的百分数，K 值填 0~1 的任意数字。当 K=1 时，PERCENTILE 函数计算出的是最大值；当 K=0 时，PERCENTILE 函数计算出的是最小值。

我们使用 PERCENTILE 函数来求一组数据的 90 分位值、75 分位值、50 分位值、25 分位值和 10 分位值，具体操作如下。

（1）如图 11-10 所示，用鼠标点击 90 分位值后面的框，在“插入函数”对话框中选择 PERCENTILE 函数。

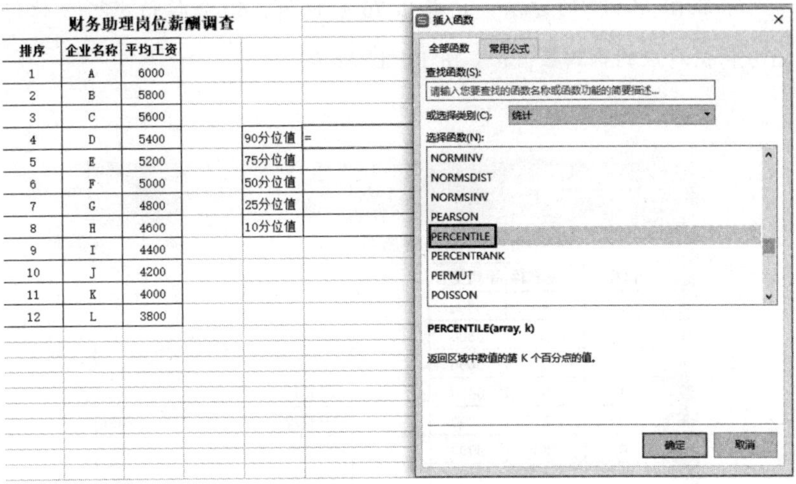

图 11-10　求任意分位值操作步骤一

（2）在“数组”（Array）后的框内选择数据所在的位置（C4 到 C15），在“百分比”后面的框内输入“1”，单击“确定”，如图 11-11 所示。

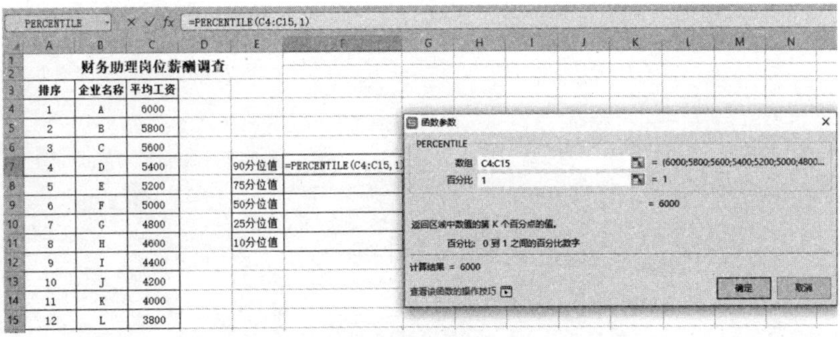

图 11-11　求任意分位值操作步骤二

依照图 11-12 的方法，计算出 75 分位值、50 分位值、25 分位值、10 分位值对应的薪酬数值，如图 11-12 所示。

	A	B	C	D	E	F
1-2	财务助理岗位薪酬调查					
3	排序	企业名称	平均工资			
4	1	A	6000			
5	2	B	5800			
6	3	C	5600			
7	4	D	5400		90分位值	6000
8	5	E	5200		75分位值	5450
9	6	F	5000		50分位值	4900
10	7	G	4800		25分位值	4350
11	8	H	4600		10分位值	4020
12	9	I	4400			
13	10	J	4200			
14	11	K	4000			
15	12	L	3800			

图 11-12 PERCENTILE 函数求出的任意分位值